地緣政治學

圖解入門

東大教授解析國家生存策略

東京大學名譽教授
山內昌之 監修
小山鹿梨子 漫畫
黃郁婷 翻譯

地緣政治學是什麼樣的學問？

❶ 地緣政治是從「地理＋政治」雙重面向的觀點來看世界情勢

地緣政治的英文是geopolitics，這是由字首geo-（地球、大地）與politics（政治學）結合而成的字，而地理學的英文是geography。地緣政治學即是結合地理與政治的觀點，來幫助我們了解世界情勢的一門學問。在地理條件的基礎上，思考政治、軍事、經濟等的影響，正是地緣政治學所扮演的角色。

❷ 地理條件決定國家的選擇

所謂地理條件，簡單來說就是一個國家「位在地球上的哪裡」。依山嗎？傍海嗎？與鄰國如何連接？兩個不同的國家，即使期望同樣的經濟成長，但因為地理條件不同，達成目標的方法也不一樣。當然，對於一個國家來說，有效果好的方法，有效果不好的；而在某些情況下，方法會受到限制。

例如：位於內陸的國家追求經濟發展，需要擴大陸上運輸網；如果是環海的國家，則有必要增加海外貿易據點。所以，一個國家的選擇，會受到地理條件的影響。

❸ 源於十九世紀的德國，被做爲合理化侵略的藉口

地緣政治學的概念，最早來自於德國地理學家弗里德里希．拉采爾的著作《政治地理學》(1897)。拉采爾在書中將國家視爲「爲了生存而與鄰國競爭的有機體」，並指出「國家爲了維持生命力，必須擴大生存空間」(國家有機體說)。受到這個學說影響的瑞典政治學家魯道夫．契倫，他在《國家乃一生命形式》一書中，首度使用「地緣政治學」一詞，契倫提倡「國家是有機體，爲了維持生命，有權確保資源」，「假如無法維持自給自足，也不介意擴大領土來確保資源」。

這個主張的時代背景是十九世紀下半葉，歐洲列強對外殖民統治特別活躍，「爲了本國的生存而去侵略他國是不可避免的」這種想法，在第一次世界大戰以前相當普遍。德國退伍軍人出身的地理學家卡爾．豪斯霍弗爾，更以拉采爾的學說爲基礎，主張「國家爲了自給自足而擴張所需的領土──『生存空間』，乃是國家正當的權利，甚至有必要確立經濟上的支配領域」。希特勒就是學習豪斯霍弗爾的學說，將納粹侵略他國視爲理所當然。

❹ 指引「如何將本國立場導向有利方向」

如今，把侵略正當化的「生存空間」之類的想法已經被否定。但地緣政治學仍是一個有效且重要的工具。在思考利用外交讓本國處於有利地位時，有了地緣政治學的概念，就能洞悉「國人應該把目標放在哪裡？」「首先該採取什麼行動？」並且洞察「對方期望什麼？」「談判的眞正意圖是什麼？」即使不願有戰爭，但各國爲了生存需要不斷競爭，這是不變的事實。

爲什麼現在應該學習地緣政治學？

❶ 了解世界情勢「爲什麼」如此

學習地緣政治學，可以深入了解國際情勢的背景。爲什麼俄國會進攻烏克蘭？爲什麼俄國不歸還日本的北方領土？爲什麼中國想要尖閣諸島（＊臺灣稱釣魚臺列嶼）？爲什麼英國要脫離歐盟？爲什麼美國過去頻頻派兵中東？爲什麼中東的紛爭不斷？

諸如此類的疑問，以地緣政治學的框架檢視，便能豁然開朗，我們可以看到，世界各國在他們地理條件之下所採取的行動準則。

❷ 發現世界歷史的一致性

即使國家的領導人替換，國家的地理條件也不會改變。當政權交替或政治制度改變，國家目標可能會隨之變化，但是實現目標的方法，島國還是有屬於島國的思維方式，大陸國家也有大陸國家的思維方式。理解這點後，就能在各國歷史中找出他們的行爲與思考的模式。

例如：俄國是位於歐亞大陸北端的大陸國家，長久以來總是在尋找通向海洋的出口，就是這種地理條件所造成的需求，讓俄國長年以來採取南下政策。俄國與日本北方領土的問題、併吞克里米亞、介入敘利亞內戰等等，這些都能從南下政策的角度來理解。

❸「那個國家接下來會怎麼走？」「我們國家該如何前進？」預見國家的未來！

當然，國家之間沒必要以戰爭爲前提。但是各國之間爲了生存，的確會在經濟方面彼此競爭或合作。關於這些，只要了解地緣政治學，便能預測世界未來將發生什麼衝突、各國又將如何抉擇。在接收國際上的資訊時，如果能以地緣政治學的視角來看，便能設想各國背後的意圖，以及後續的發展。

❹我們現在就該學習地緣政治學！

日俄戰爭時，任職聯合艦隊作戰參謀的秋山眞之等人，就曾學習地緣政治學，可說是日本的先驅。到了一九三〇年代，豪斯霍弗爾的著作被引進日本，掀起了一陣地緣政治學風潮。然而，在第二次世界大戰以後，聯合國總司令部（GHQ）認爲地緣政治學傳遞出「促進戰爭」的形象，因而禁止這門學問。

因此，日本人至今一直缺乏充分學習地緣政治學的機會。與西方人士相比，日本人較不善於談判，缺乏全球化概念，也不擅長宏觀的戰略性思考，可能就是因爲缺乏學習地緣政治學的機會。爲了國家未來的發展，現在正迫切需要學習地緣政治學！

※編註：本書作者以日本的立場撰寫，為了維持視角的一致性，因此內文使用的地理名詞，以日本的稱呼為主，少部分另加註臺灣所稱呼的名詞。

目次

第3話

和誰同一陣線？有什麼好處？ 137

主要人物

八嶋 七海
高中生，「武壽司」的工讀生。

安娜・沃爾科沃
在日本企業上班，也在「武壽司」打工，俄國人。

大磯 武昭
「武壽司」的老闆。

月原 英晶
「武壽司」的常客，對地緣政治學很有研究。

※本漫畫劇情、登場人物和團體均為虛構。

たけ寿司
※武壽司
喀啦—
歡迎光臨
……
七海！
是！
八嶋 七海
高中生・店內工讀生
隔壁拉麵店的客人都排到我們店門口來了！
你去跟他們說說吧！
大磯 武昭
「武壽司」的店老闆

※中華拉麵

中華そば
……
ズラーーーッ…
大排長龍——
我這就去……
我們的排隊人潮擋到你們店門口？
不行、不行！我怎麼可能叫客人走開，前一陣子電視臺來介紹嘛，這也是沒辦法的事啊！
可是，你們的客人都排到我們的店門口來了。
那該怎麼辦？
你要我趕走客人嗎？
要是我們被寫負評，你能負責嗎？

悄步沉重……
トボ
トボ……
他們怎麼說？
說「這也是沒辦法的事」。
換我去說說看！
安娜・沃爾科沃
在武壽司打工・白天另有兼職
ガラララッ
喀啦啦
這次又怎麼了？
你們店的排隊客人影響到我們店了。
不是說過了嗎，我也沒辦法啊！
這是為了你們自己的方便對吧！
呃……

已經擋到我們店的客人出入了。
這和我們店又沒關係——
我就是要來跟你說「有關係」的。
要是害我們的生意變差，你打算怎麼賠償？
たけ寿司
沒事了！
哈哈！
不愧是安娜！外國人果然很擅長跟對手直接談判！

店門口的領土問題和平解決啦！
不像我們習慣粉飾太平。
老闆用人果然有眼光！
不敢當！
看到這些，會不會讓你對日本幻滅呀？
我最喜歡日本壽司了！
說到壽司啊，
我也想再點幾個！
老闆，我要海膽和鮭魚卵軍艦壽司，
再一份帝王蟹握壽司！
我嘛……來個蔥花鮪魚細捲，
好的！

這麼貴！
怎麼了？
價錢怎麼比以前貴那麼多？明明和之前吃的差不多啊！
那、那是因為，現在海膽和鮭魚卵都漲價了。
什麼？我沒聽說呀！
因為現在俄國和烏克蘭打仗的關係……
那你應該事先告訴客人啊！
不、不好意思！
這裡有寫喔！
這裡有很清楚的告知！
※ウニ、イクラ等、一部のネタが大きく値上がりしております。詳しくは店主までご確認くださ
……
那就刷卡吧。

※海膽、鮭魚卵等部分食材已大幅漲價。
詳細價格請向店家確認

要不要再去續攤呀？
カララ…
喀啦啦…
安娜，剛才謝謝你喔。
我認為你不必道歉，
因為注意事項放在客人看得到的地方。
不過，我想還是盡量避免衝突比較好……
七海是「以和為貴」主義者啊。
我……
該提出主張的時候就要提出，
但很多日本人並不擅長這麼做。
月原 英晶
常客
怎麼說呢？
「想要和每個人和睦相處」很理想，但是不符合現實。
這可能跟日本人的生存競爭意識薄弱有關。

也許是因為日本是島國的關係。
沒錯。
咦，話題展開這麼大嗎？
不知道你們有沒有聽過，
「國家是一種有機體，為了生存，必須經常和鄰國競爭。
國家必須要有足夠的生存空間和錢，也就是領土和經濟。
所以，免不了和鄰國發生摩擦或衝突。」
沒耶。
不是都說「要和鄰國維持良好關係」嗎？
那只是幻想罷了！
!!
在地理上，有些地區就是容易發生衝突。
那些地區的政治、軍事或社會，往往容易出現緊張情勢。
哦……

像這樣，以地理為基礎來探討政治的學問，
就稱為地緣政治學。
地緣政治學……
就算領導人或政權改變，地理條件也不會改變，
隨著各國尋求經濟成長和增加國際影響力，
過程中可能遇到的瓶頸，就是所謂的「地緣政治上的風險」。
據說希特勒就曾學習過地緣政治學呢！
其實日本也向曾美國學習，應用在二戰的戰略規畫上。
咦？
用在戰爭上？
也不一定都是這樣啦。
不過，世事無法那麼美好理想。
一個國家想要生存並不容易，必須以地緣政治學為基礎，培養大局觀和戰略意識才行！
那麼剛才安娜提到「因為日本是島國的關係」，又是什麼意思呢？

日本算是海權國家……
中國、俄國是陸權國家。
朝鮮民主主義人民共和國
大韓民國
日本
中華人民共和國
海權國家的國境多被海洋包圍。
陸權國家則是邊界大多有陸上鄰國相連。
歷史上，國與國之間的紛爭或戰爭，
很多時候是陸權與海權的衝突。

*中國舊稱海參崴

例如日本身為海權國家，卻在日俄戰爭（1904～1905年）中獲得勝利後，
企圖掌握陸權，於是入侵中國大陸。
但是失敗了！
相反的，身為陸權國家的俄國卻企圖擴張海權，
但因為波羅的海艦隊敗給日本，使得野心受挫。
俄國
清朝
符拉迪沃斯托克*
大連
平壤
日本海
釜山
日本
另外，像第二次世界大戰，日本對上美國，就是海權國家之間的激烈衝突……
美國算是海權國家嗎？
不是都講美洲大陸嗎？
是啊。
不過，以地緣政治的觀點，美國被視為一個巨大的島國。
因為加拿大、墨西哥是美國經濟上的友好國家，基本上不會對它構成重大威脅。

心臟地帶
陸權
邊緣地帶
海權
其他像是心臟地帶與邊緣地帶、
咽喉點、
權力平衡等，
第一名
A國
第二名
B國
第三名
C國
對立
互助
了解這些重要的概念後，看待世界情勢的角度就會完全不一樣喔！
哦～
例如剛剛的海膽與鮭魚卵漲價事件，
就是因為俄國與烏克蘭發生戰爭，海運嚴重延誤所造成的影響。
日本的糧食和能源主要都依賴進口，
確保海運要塞的安全就非常重要！
食用油也漲很兇呀！
就是呀！而且還會繼續漲一陣子吧。

我經營規畫的餐館，也是盡量調整菜單內容，好維持一樣的價格。
有新的情報我再告訴你。
非常感謝！
因為工作的關係，我對食品流通方面的訊息特別敏感。
我們這邊這麼和平，那邊卻……
話說進口運輸沒完全被切斷，還得感謝美國哩！
怎麼說呢？
因為美國海軍遍布世界各運輸要塞，
提供海運安全的保障！
我從來沒想過這些事耶……

可能因為日本沒有陸地相連的鄰國，
有些日本人才會認為，沒必要和其他國家發生衝突，就能維護本國利益了吧？
真的沒有耶。
但是……
其實日本也有領土問題……
對陸權國家俄國來說，這裡是出海的重要據點。
意思就是……
這個領土問題
永遠……
無解？

Introduction

世界情勢一清二楚！

地緣政治學的概念

讓我們認識關鍵字，
來了解地緣政治學的基本概念吧！
本章介紹了：陸權、海權、心臟地帶、邊緣地帶等詞語。
只要擁有這些觀點，便能一眼看清世界局勢
以什麼原則在運作！

解說1

陸權與海權互不相容，存有彼此衝突的風險

陸軍強盛的陸權國家，海軍強盛的海權國家

所謂陸權國家，是指在地理上大多位於歐亞大陸內部，邊界與其他國家相連，具有陸地影響力的國家，最具代表性的有：俄國、中國、德國和法國等。陸權國家通常鄰接多個國家，有著綿長的陸地邊界，自古就容易遭受鄰國跨越國境入侵。在歷史上，當陸權國家爲了增強國力，或是取得本國缺乏的糧食或能源時，往往傾向去進攻、掠奪其他國家。如成吉思汗帶領的蒙古帝國、法國拿破崙政權出兵遠征俄國，以及納粹德國在第二次世界大戰時橫掃歐洲等，都是典型的例子。

另一方面，所謂海權國家，是指邊界多被大海圍繞，具有海洋影響力的國家，最具代表性的有：日本、英國、美國等。海權國家因爲邊界臨海，國土遭受侵略的風險較低，關

THE WORLD

陸權國家與海權國家的差別

陸權國家	海權國家
代表國家 • 俄國　• 中國 • 德國　• 法國	**代表國家** • 美國　• 英國 • 日本
主要特徵 • 與鄰國的國土相連，被侵略風險較高。 • 擴張領土的企圖強烈。 • 農業、礦業發達。 • 陸上運輸發達，陸軍強盛。	**主要特徵** • 國土被海洋環繞，被侵略風險較低。 • 藉由貿易增進國家利益。 • 漁業、貿易發達。 • 海上運輸發達，海軍強盛。

於「如何守護國土」、「國家如何發展」的思維方式與陸權國家截然不同。海權國家不需要像陸權國家那樣投入大量精力在防禦國境上，他們重點放在拓展海上貿易，以獲取足夠的糧食和資源，增進國家利益。像英國在世界各地開拓殖民地，便是海權國家的成功範例；又如美國率領艦隊（日本史稱「黑船」）脅迫日本向其他國家開放，目的也是爲了進行自由貿易。海權國家擁有發達的海上運輸，爲了守護商船、港口設施與海路安全，也訓練出強大的海軍。

中國過去屬於陸權國家，近年來積極進出南海、東海，甚至遠達

陸權與海權的衝突

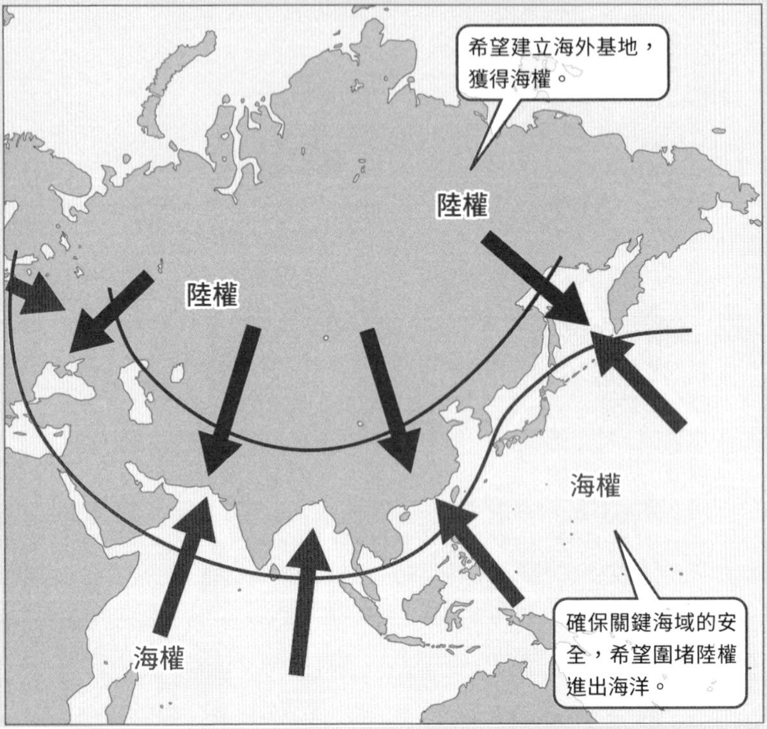
希望建立海外基地，獲得海權。
陸權
陸權
海權
海權
確保關鍵海域的安全，希望圍堵陸權進出海洋。

陸權與海權難以相容並立（案例）

- 元朝軍隊跨越海洋進攻日本，最終失敗。
- 俄國實行南下政策，企圖擴張勢力到太平洋，在日俄戰爭中被日本打敗。
- 納粹德國陸續進犯丹麥、挪威、法國等國，最後仍無法佔領海權大國英國。
- 日本將版圖擴張到中國大陸與東南亞，希望成為陸權與海權大國，最終失敗。
- 身為陸權國家的中國，正積極擴展影響力到太平洋和印度洋，希望成為海權大國……

印度洋和太平洋，企圖擴大影響力，展露出想成爲海權大國的野心，如今存在著中國與美國、日本發生衝突的隱憂。

陸權與海權相互對立

將世界各國分爲陸權國家或海權國家，是由美國海軍上校暨預備役少將阿爾弗雷德·薩耶·馬漢（1840～1914年）提出的。日俄戰爭的日軍參謀秋山眞之，他在美國留學時就曾接受馬漢的指導。馬漢認爲陸權與海權是相互對立的，陸權「希望出海」，海權「希望阻止陸權擴張」，兩種戰略之間的衝突，在歷史上屢屢發生，兩者注定互不相容。

例如：以前的陸權大國德國與蘇聯（今俄國），曾以獲取海權爲目標，但是都輸掉戰爭，以失敗告終；至於海權國家大日本帝國，也曾深入中國的內陸地區，進據滿州，但最後還是戰敗，無法成爲陸權大國。而中國「一帶一路」（見P. 92）的構想，也企圖囊括陸權與海權，因此中國的動向備受世人關注。

POINT

- 陸權與海權在根本上具有不同的國家戰略。
- 陸權國家希望向海洋擴張來壯大勢力。
- 陸權與海權經常處於緊張狀態，從歷史中可見互不相容。

解說2

歐亞大陸中央的心臟地帶，與易起紛爭的邊緣地帶

心臟地帶的國家必是陸權國家

陸權國家與海權國家的劃分，著重在國家類型的差異上，而劃分歐亞大陸上不同區域的國家時，心臟地帶和邊緣地帶的概念便很重要。

顧名思義，所謂的心臟地帶，是指位於歐亞大陸心臟（中央部位）的區域，如當今俄國所支配的範圍，氣候特徵是寒冷、降雨量少，不適合發展農業，居住人口少，文明不太發達。

不過，只要佔領心臟地帶，就能獲取通往歐亞大陸各地區的交通路線。然而，北極海入冬便會凍結，限制了船隻出海，所以位於歐亞大陸心臟地帶的國家，自然就是陸權國家。

心臟地帶、邊緣地帶與緣海

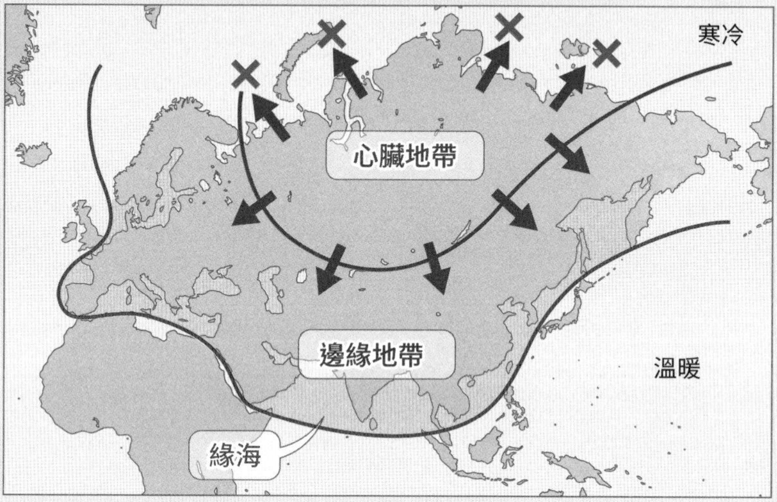

歐亞大陸的沿海地區則稱爲邊緣地帶，這裡主要有：中國、印度、西班牙和法國等。這些國家通常氣候溫暖多雨，因此農業興盛，而且人口稠密，文明繁榮，許多大城市都位於邊緣地帶。邊緣地帶擁有綿長的海岸線，也擁有受半島、群島與列島等包圍的緣海，一般人熟悉的緣海有日本海、東海和南海等。

想要出海的陸權，與海權在邊緣地帶發生衝突

位於歐亞大陸心臟地帶的陸權國家，始終有「期盼取得農業發達的糧倉地帶」、「期盼出海」這樣的

顛倒看地圖就能發現「陸權」的目標

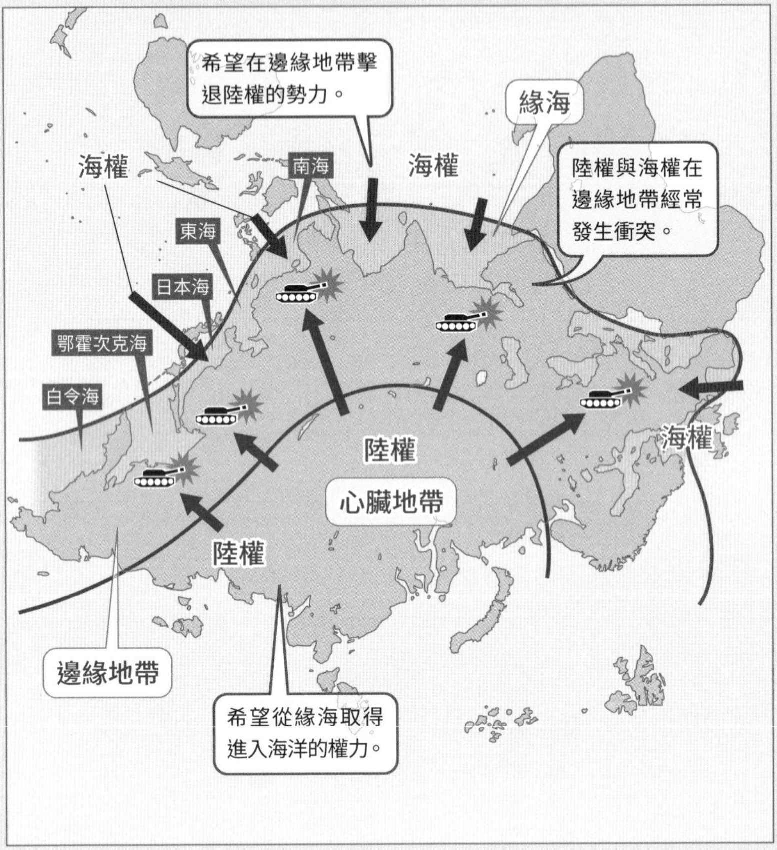
希望在邊緣地帶擊
退陸權的勢力。
緣海
海權
海權
南海
陸權與海權在
邊緣地帶經常
發生衝突。
東海
日本海
鄂霍次克海
白令海
海權
陸權
心臟地帶
陸權
邊緣地帶
希望從緣海取得
進入海洋的權力。

陸權與海權對於「海洋」的認知

陸權	無法相容	海權
如同對領土擁有主權一般，認為對海洋也擁有主權而不容入侵。	⟷	視海洋為自由航行的領域，希望靈活運用海洋。

願望。既然無法從北極海進出（冬季結冰），那他們就要想辦法穿越邊緣地帶，將出海的目標放在太平洋或大西洋。

相對的，各海權國家則想要阻擋陸權國家進出海洋。對緣海擁有管轄權的海權國家，試圖擊退陸權國家在邊緣地帶的擴張活動，因此在緣海與邊緣地帶很容易爆發大規模的國際衝突。歷史上曾經爆發過的大型戰爭如：朝鮮戰爭（＊臺灣稱韓戰）（1950年）、越南戰爭（1955年）、波斯灣戰爭（1991年）、阿富汗戰爭（2001年）、伊拉克戰爭（2003年）等。

順帶一提，英國地理學家哈爾福德・麥金德（1861～1947年）特別強調心臟地帶的重要性，他曾提出「誰主宰心臟地帶，就能主宰世界」。美國地緣政治學家尼古拉斯・斯皮克曼（1893～1943年）則是提出「主宰邊緣地帶，就能主宰歐亞世界。主宰歐亞世界，就能主宰世界的命運」。斯皮克曼認爲，邊緣地帶一旦出現美國的敵國或敵國的同盟，將對美國利益帶來嚴重威脅，因此他對美國的外交政策多次提出建言。

POINT

- ▼心臟地帶的國家希望向邊緣地帶推進。
- ▼邊緣地帶深受海權影響。
- ▼陸權與海權容易在邊緣地帶發生衝突。

解說3

海上交通要塞——咽喉點是影響他國的強力關鍵

航運效率上無法繞道的必經據點

海權國家經常藉由貿易獲取糧食和資源，擴大經濟影響力。維護油輪、貨輪安全有效率的往返海上路線，是航行安全最重要的課題之一，而固定的海上運輸路線稱爲「航線」。例如：日本約有九成的原油，仰賴從沙烏地阿拉伯、阿拉伯聯合大公國、卡達、科威特等中東國家進口，這些裝載原油的油輪必須穿越荷姆茲海峽，才能抵達日本。

因此，假如有日本的敵國想讓日本遭受重大損害，不必直接攻擊日本本土，只要封鎖荷姆茲海峽，切斷日本的原油進口，就足以造成極大的混亂，重創日本的經濟。

航運上如此重要的據點，英文稱爲choke point，中文爲「咽喉點」或「制扼點」。choke，有掐住咽喉，迫使窒息的意思。只要控制住荷姆茲海峽，如同字面所形容，就能輕鬆掐住日本的咽喉。

世界主要咽喉點分布圖

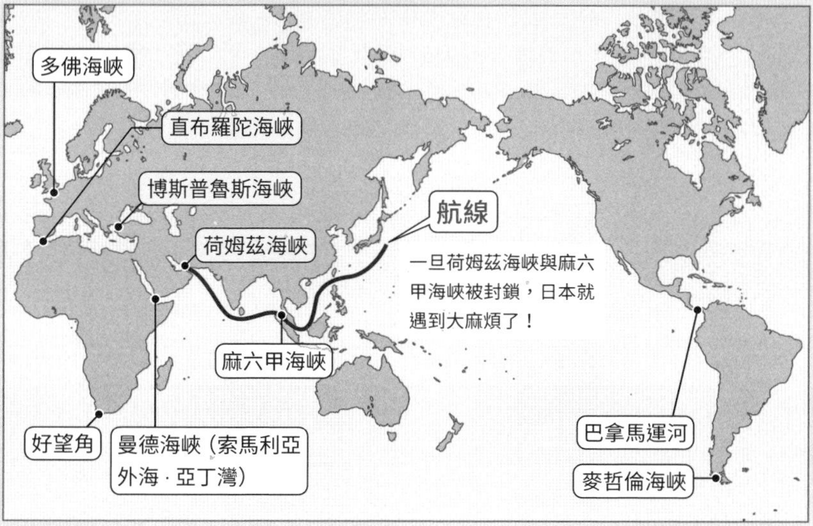
多佛海峽
直布羅陀海峽
博斯普魯斯海峽
航線
荷姆茲海峽
一旦荷姆茲海峽與麻六甲海峽被封鎖，日本就遇到大麻煩了！
麻六甲海峽
好望角
曼德海峽（索馬利亞外海・亞丁灣）
巴拿馬運河
麥哲倫海峽

咽喉點通常是狹窄、深度淺的海峽，大型油輪或貨輪到了這裡，便得減慢航速，聚集在附近等待通行，因此容易引來海盜。假如爲了安全而避開咽喉點，船隻就必須繞道，增加非常遠的航程，這樣會延長交期（從下訂到交貨的時間），物流成本將大幅增加。

美國海軍重兵駐守保護世界各地咽喉點

對海權國家而言，守護咽喉點的安全攸關國家存亡。日本的盟友美國在世界各個咽喉點都部署強大的海軍，嚴加監視。美國之所以能夠在世界霸權中處於領先地位，與重兵駐守咽喉點，維護航運安全有極大的關係。

二〇二〇年二月，日本派遣海上自衛隊的護衛艦至荷姆茲海峽。當時因爲美國川普政府恢復對伊朗經濟制裁，美伊兩國關係惡化，於是伊朗採取扣押英國油輪、攻擊日本油輪、攻擊美國無人機等手段，展開報復行動（見P. 165）。這刺激了美國、英國和沙烏地阿拉伯等七個國家，它們因此派軍共同守護荷姆茲海峽的安全。雖然日本應該和美國採取同一立場，但日本跟伊朗也關係友好，所以希望盡量避免與伊朗發生衝突，因此最後日本用蒐集情報爲理由，派遣護航艦前往荷姆茲海峽前方海域（阿曼灣）。

POINT

▼ 咽喉點是海上運輸路線（航線）的重要據點。

▼ 確保咽喉點的安全是海權國家極為重要的課題。

▼ 美國在世界各咽喉點皆部署海軍防守。

グラッ
晃
哇~
那一區的座位
可能要重新安排一下比較好。
變成咽喉點了！

權力平衡是怎樣的戰略？

在地緣政治學當中，「權力平衡」（Balance of Power）是相當重要的關鍵字。從字面上看，意思是各個國家會藉由與其他國家競爭或締結友好關係的方式，維持勢力均衡的狀態。

在權力平衡的狀態下，不會有戰爭，得以維持和平。相反的，一旦權力失去平衡，國與國的勢力出現差距，就容易引發衝突甚至戰爭。

美國深深了解權力平衡的重要性，長年來藉由這種機制穩穩守住世界霸主的地位。其實，我們只要回顧過往美國對日本的態度，就能明白這個現象。

在冷戰時期，國力位居世界第一的美國，最大的敵國是蘇聯（國力排名世界第二）。美國為了避免被蘇聯超越，運用各種手段阻撓，其中之一就是與日本加深合作關係，當時日本的經濟正高速成長，國力急速蓄積，排名為世界第三。

1970年代以後，日本的GDP超越德國，躍居世界第二，於是美國開始視日本為威脅，轉而與其他各國聯合「痛擊日本」（英文為Japan bashing，日文為日本叩き）——猛烈打擊日本的經濟、抨擊日本的政治。另一方面，又在1979年與當時世界排名第三的中國建交，改善美中關係，藉以牽制日本。

2000年代以後，中國的經濟急速成長，國力躍升為世界第二。這回，美國再度與排名退居第三的日本聯合，想方設法打壓中國（見P.62）。中國目標瞄準尖閣諸島（＊臺灣稱釣魚臺列嶼），也增進對南沙群島的實質統治，統一臺灣的意圖愈來愈強，毫不隱藏想要擴張海權的野心，於是美國派遣軍艦巡航這些海域，宣稱要「捍衛航行自由」，以行動強力牽制中國。

中國則將美國的這些行動視為「違法侵入中國領海」，警告「這些挑釁行為可能引發無法預測的事態，招致嚴重的後果」。不過到目前為止，還沒有發生過重大衝突，因為美國一向善於利用權力平衡的機制，透過各種非戰方式來鞏固自己世界領先的地位。

Part 1

地緣政治的優勢與應守護的事物

從地緣政治學看日本

讓我們一起看看，
以地緣政治學的角度如何敘說日本呢？
日本四面環海，是一個海權國家，
了解日本地緣政治的背景後，
對於領土問題或沖繩的美軍基地問題等等，
或許會產生新的看法。

解說 1

受季風和洋流守護的日本，是世界領先的海權大國之一

他國難以入侵，是日本在地緣政治上的優勢

日本四面環海，領海與專屬經濟海域的總面積排名世界第六。日本列島的南側面臨太平洋，從西邊吹來的偏西風影響了日本暖流（黑潮）；北側面對日本海，在冬天會有從西伯利亞南下的寒冷季風吹襲，海象洶湧狂暴。此外，對馬海峽附近的洋流速度極快，以早年的船舶技術來說，那裡並不適合航行。

在地緣政治上，拜自然條件所賜，日本不容易受到其他國家攻擊，過去被其他國家侵略攻擊的經歷，只有元朝、二戰之後的蘇聯，還有美軍進駐而已。身爲小國，從未淪爲殖民地，在世界史上算是非常罕見。難怪從前的人堅信日本是受到「神風」庇祐的國家。

在江戶時代以前，日本幾乎沒有與其他國家打仗的經歷，但是國內各霸主彼此不斷競爭，這是陸權的思維；到了江戶時代末期，美國海軍將領培里率領艦隊前來叩關，日本因此對

JAPAN

受洋流與季風守護的海權國家——日本

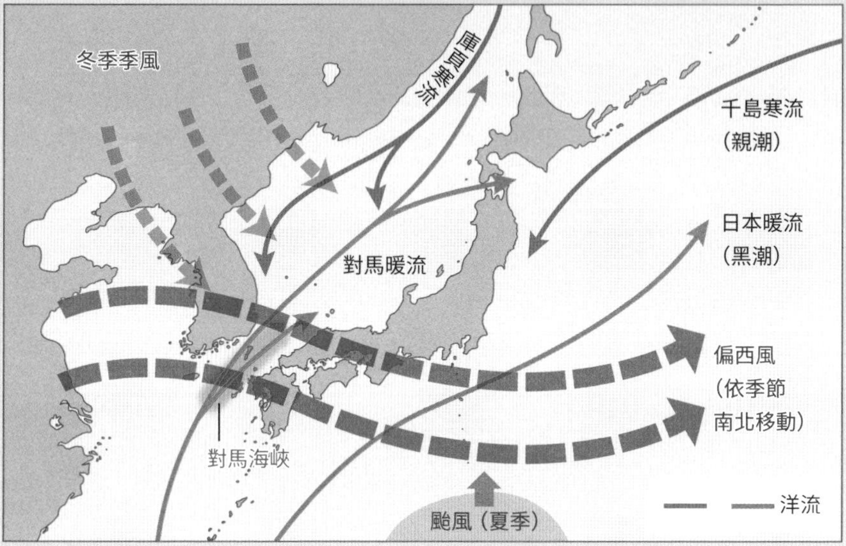
冬季季風
庫頁寒流
千島寒流
（親潮）
日本暖流
（黑潮）
對馬暖流
偏西風
（依季節
南北移動）
對馬海峽
洋流
颱風（夏季）

外開啟了國門；進入明治時代後，日本即以海權國家之姿向海外擴張。

日本在日清戰爭（＊臺灣稱甲午戰爭）和日俄戰爭獲勝後，在第二次世界大戰中同時向海權國家和陸權國家宣戰。一方面與海權大國的英國及美國爲敵，佔領東南亞各國，另一方面又進攻陸權國家所在的歐亞大陸，統治滿洲（中國東北部）和朝鮮半島等地。但是，如同自古以來陸權與海權難以相容並立的理論，日本同時擴展陸權和海權的舉動只會適得其反，它最後以戰敗收場。第二次世界大戰後，日本與美國締結同盟，組成世界最強聯盟，享受和平、繁榮與安全的海權大國地位。

守護「自由開放的印度-太平洋」的安全保障體制

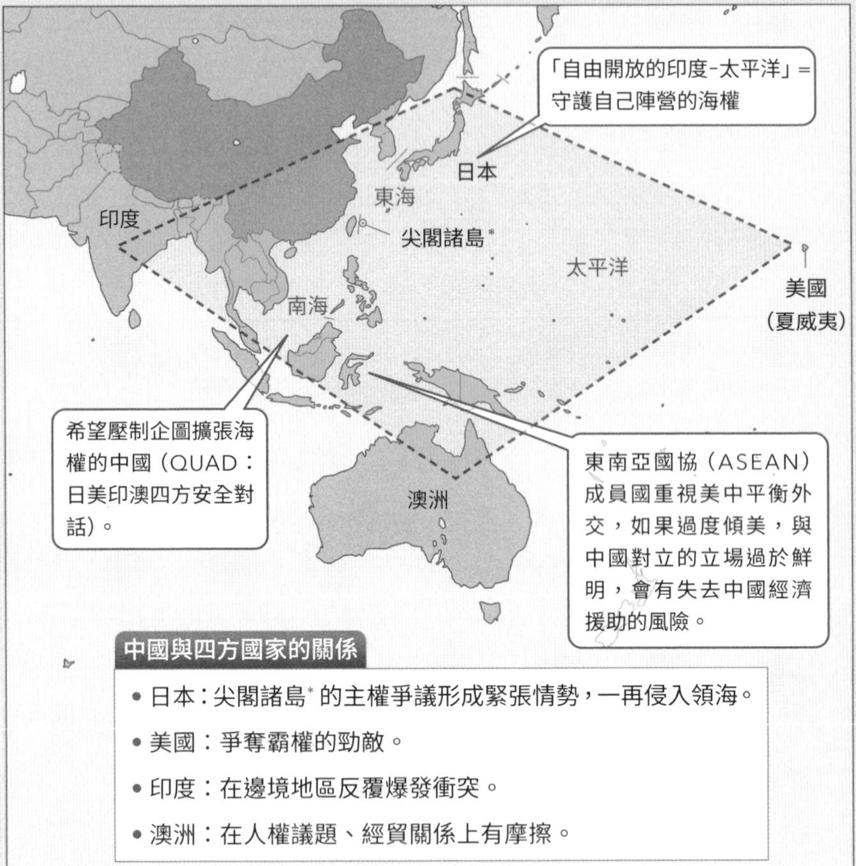
「自由開放的印度-太平洋」=守護自己陣營的海權
日本
東海
尖閣諸島*
印度
太平洋
美國（夏威夷）
南海
希望壓制企圖擴張海權的中國（QUAD：日美印澳四方安全對話）。
澳洲
東南亞國協（ASEAN）成員國重視美中平衡外交，如果過度傾美，與中國對立的立場過於鮮明，會有失去中國經濟援助的風險。

中國與四方國家的關係

- 日本：尖閣諸島*的主權爭議形成緊張情勢，一再侵入領海。
- 美國：爭奪霸權的勁敵。
- 印度：在邊境地區反覆爆發衝突。
- 澳洲：在人權議題、經貿關係上有摩擦。

*臺灣稱釣魚臺列嶼

日本為實現「自由開放的印度-太平洋」所採取的行動

1. 普及和落實法治、航行自由、自由貿易等。
2. 藉由符合國際標準的「高品質基礎建設」強化區域連結，追求區域經濟繁榮。
3. 促進區域和平與穩定，包含提升海上執法能力、防災、不擴散毀滅性武器等。

日本提倡的「自由開放的印度-太平洋」是什麼？

身爲陸權強國的中國，以驚人的經濟發展蓄積強大國力，同時軍事力量也快速成長。經濟成長帶來的充裕資金強化了海軍實力，中國還單方面宣稱南海和東海爲中國領海等，積極向海洋擴張，企圖獲得海上霸權。

日本前首相安倍晉三在二〇一二年發表專文，闡述海權國家共同遏止中國海上擴張的重要性。甚至在二〇一六年召開的第六屆東京非洲發展國際會議（TICAD Ⅵ）中，提出「自由開放的印度-太平洋」的構想，之後繼任的首相菅義偉繼承這項理念，而當時的美國川普政府也採用這個戰略構想。

以日、美、印、澳四國爲核心，致力對印太地區的和平、安定與繁榮做出貢獻，以保障經濟與安全爲目標進行協議，稱爲「日美印澳四方安全對話」（Quadrilateral Security Dialogue，QSD，又稱QUAD）。二〇二一年三月，召開了「四方安全對話」第一次元首高峰會。

POINT

▼日本是擁有海洋與季風所形成的天然屏障的海權國家。
▼第二次世界大戰時，日本為獲得陸權而進軍歐亞大陸。
▼日本目前與美國為同一陣線，朝海權強國邁進。

解說2 從地緣政治學來看，日本北方領土問題注定無解

渴望海權的陸權強國——俄國

擁有大片極寒土地的俄國，由於冬季海面結冰，無法發展海域活動，在地理上處於劣勢，自古以來一直在尋求獲得海權。換句話說，俄國極爲渴望得到在冬季也不會結冰的「不凍港」。因此，俄國一直嘗試進軍南方其他國家，希望獲得更多領土，對於與俄國隔著北方四島的鄰國日本也不例外。大約自十八世紀開始，俄國便嘗試向遠東地區擴張，雖然日俄兩國長期存在領土爭議問題，但從前雙方都有以擇捉島與得撫島做爲共同邊界的默契，所以兩國之間尚未出現重大紛爭。

但是後來俄國加強推動南下政策，以日本拒絕通商爲理由，藉機登上樺太島（＊臺灣稱庫頁島）和擇捉島，島上發生了縱火、施暴、掠奪等事件。終於在一八五五年，日俄兩國進行協商，議定擇捉島以南屬於日本的領土，得撫島以北則屬於俄國，但是對於樺太

與日本北方領土有關的日俄條約

1855年 《日俄和親通好條約》(下田條約)

➡ 協定擇捉島至得撫島之間的國界。至於樺太島未獲共識，歸屬懸而未定。

1875年 《樺太島·千島交換條約》

➡ 樺太島全島劃歸俄國領土。

過去曾屬俄國領土的千島群島改劃歸為日本領土。

1905年 《朴資茅斯條約》

➡ 樺太島北緯50度以南區域劃歸日本領土。

1945年 8月8日，在《日蘇中立條約》期限內，俄國向日本宣戰。越過樺太島的北緯50度線進攻。9月5日，俄國佔領千島群島至北方四島*。

* 譯註：包括擇捉島、國後島、色丹島、齒舞群島。

島還無法取得共識，仍處於歸屬不明的模糊地位。明治維新以後，俄國持續的南下行動引來不斷的紛爭，兩國決定簽訂《樺太島．千島交換條約》，協定樺太島歸屬於俄國領土，千島群島（俄國稱爲庫里爾群島，是指得撫島至占守島之間的十八座島嶼）則屬於日本領土。但因爲俄國仍然沒有停止南下政策，兩國終於在一九〇四年爆發日俄戰爭，在一九三九年爆發諾門罕事件（哈勒欣河事件）。一九四五年第二次世界大戰結束後，俄國單方面毀棄當時有效的中立條約，進攻日本的北方領土，佔領千島群島，這些地區原本是日本與俄國簽訂領土交

日本希望俄國歸還的北方領土

由符拉迪沃斯托克出海的俄國太平洋艦隊，通過俄國領土內的宗谷海峽後，希望藉由冬季不會冰封的國後水道，進入太平洋。一旦歸還日本的北方領土，俄國的航線就會遭到封鎖。

換條約而正式獲得的日本領土。

戰後，日本爲了收復北方領土，在外交上不斷努力，可惜至今狀況依然沒有改變。

俄國不肯放手日本北方領土，與地緣政治考量有關

對俄國而言，日本北方領土在防禦太平洋國家方面，尤其是美國，具有非常重要的戰略地位。假如將北方四島全部歸還給日本，美國有可能會在島上興建軍事基地，因此，守住這個據點對俄國的國土防衛相當重要。

此外，日本北方領土可能會影響俄國近年增加的「北極海航線」（見P.118）。由於地球暖化的影響，北極海的冰層大量融化，從前貨船無法通行的俄國北部地區，現在已經可以航行，俄國迫切需要日本北方領土，來保護這條航線不被其他國家影響。北極海航線的出現，改變了以往地緣政治的狀態，更提升日本北方領土對俄國的重要性。

POINT

- 依照國際法，日本北方領土屬於日本，但俄國不肯放手。
- 對俄國而言，日本北方領土是進出海洋的重要門戶。
- 隨著北極海航線的出現，日本北方領土對俄國的重要性大為提高。

解說3 中國主張擁有尖閣諸島，是基於巨大的野心

中國想擁有尖閣諸島附近蘊藏的資源

從明治時代開始，中國突然主張對日本的固有領土尖閣諸島（*臺灣稱釣魚臺列嶼）擁有主權，與日本展開激烈的對立，背後原因首先是爲了尖閣諸島誘人的天然資源。

尖閣諸島屬於沖繩縣，位在石垣島西北方約一七〇公里處，由八座島嶼組成。尖閣諸島附近的海域是優良的漁場，一九六八年的調查發現，這裡可能蘊藏大量石油和礦物等資源，從此中國便開始宣示擁有尖閣諸島主權。不過，最重要的原因是，尖閣諸島的位置對於想要統一臺灣的中國來說，是非常重要的軍事基地。

在地緣政治上，日本是中國的眼中釘。攤開世界地圖，以中國在下方，日本在上方的方向來看，原因便一目了然：日本的地理位置恰好擋到中國進出太平洋（見P. 90）。此外，沖繩是世上規模最大的美軍基地之一，中國的海上航線在這個位置被封鎖，難以進入太平洋。

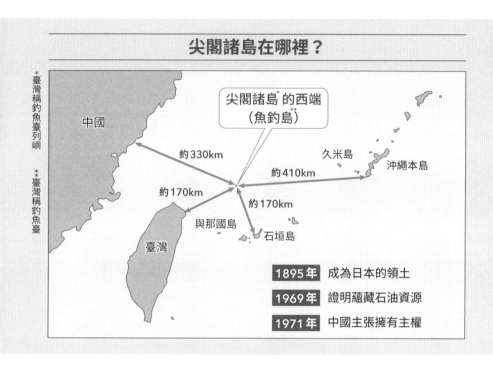

尖閣諸島在哪裡？

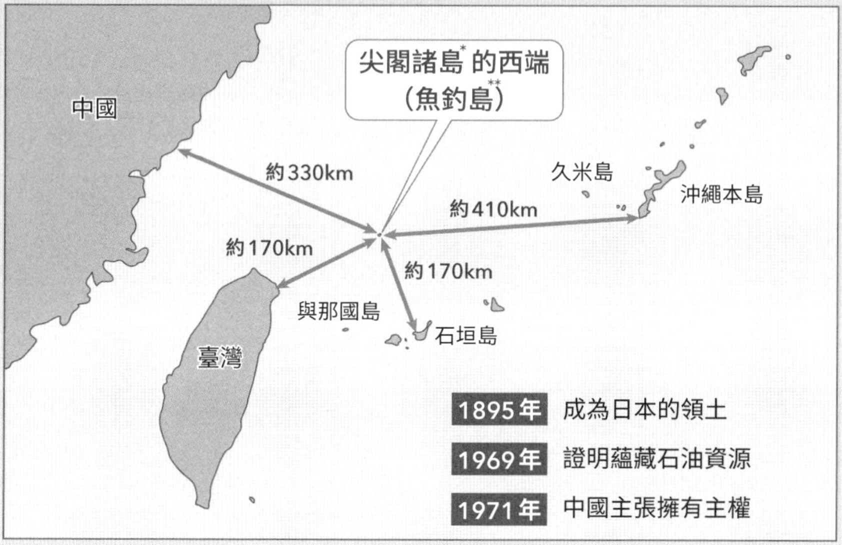
尖閣諸島* 的西端
(魚釣島**)
中國
約330km
約410km
約170km
約170km
久米島
沖繩本島
與那國島
石垣島
臺灣
1895年 成為日本的領土
1969年 證明蘊藏石油資源
1971年 中國主張擁有主權

*臺灣稱釣魚臺列嶼
**臺灣稱釣魚臺

中國希望獲得進出海洋的立足點

地緣政治學告訴我們，一個國家想要掌握世界霸權，必須要能掌控它周邊的海域。近年來，經濟顯著成長的中國，開始將重點放在向鄰近海域擴張，以實現成爲超級大國的願望。

爲了對抗美國、日本和澳洲這些遏阻中國進出太平洋的海權國家，中國很顯然想利用尖閣諸島做爲擴張海權的立足點，這是它主張擁有領土主權的眞正原因。儘管尖閣諸島與沖繩相繫，是日本的固有領土，但是考量它在地緣政治上的

被韓國佔據的竹島

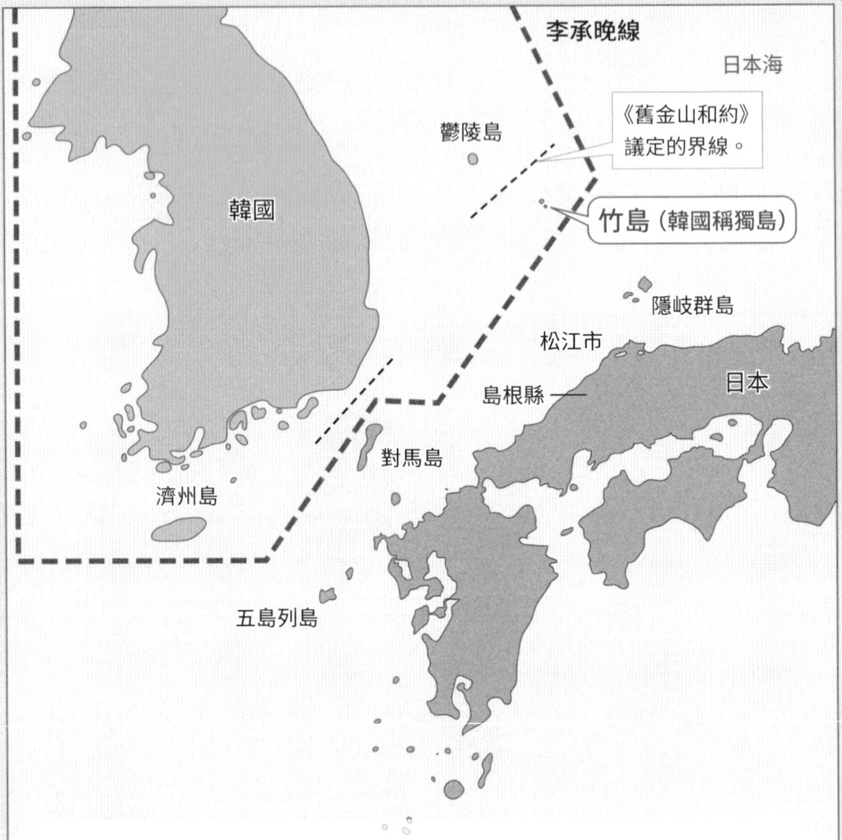
李承晚線
日本海
《舊金山和約》
議定的界線。
鬱陵島
韓國
竹島（韓國稱獨島）
隱岐群島
松江市
日本
島根縣
對馬島
濟州島
五島列島

1851年	根據《舊金山對日和平條約》「竹島為日本領土」（日本承認朝鮮獨立，放棄對朝鮮包含濟州島、巨文島，以及鬱陵島在內的一切權利、所有權和請求權。→並未放棄對於竹島的權利。）
1852年	在和平條約生效前，韓國片面劃定「李承晚線」。
1954年	在此之後，日本三度向國際法庭提起訴訟，希望解決領土爭議。
2012年	韓國總統李明博首度以現任總統身分登上竹島。

意義，不得不說，現階段中國不太可能同意和平退讓。

韓國主張對竹島擁有主權

第二次世界大戰後，隸屬於島根縣的竹島被韓國佔據，一直到今天仍處於有爭議的狀態。這一切是從一九五二年開始，當時的韓國總統李承晚片面劃定「李承晚線」這條分界線，將竹島劃入韓國的領土。之後，韓國以興建軍事設施，推動觀光旅遊等方式，加強韓國對竹島的實質管轄。日本曾數度向韓國提議將本案交由國際法庭仲裁，希望和平解決問題，但韓國方面沒有回應。國家領土在某些狀況下，也會遭到非法奪取，遇到這種情形時，如果不發出強烈的聲明，或以武力反抗，恐怕只會無止盡的遭受掠奪。

※編註：雖然日本實質管轄尖閣諸島，但臺灣政府也主張「擁有釣魚臺列嶼」的主權，名義上將它劃歸宜蘭縣頭城鎮管轄。

POINT

- ▼中國主張對尖閣諸島擁有主權是為了進出鄰近海域。
- ▼中國希望擁有尖閣諸島的軍事優勢和天然資源。
- ▼目前受韓國實質管轄的竹島，日本認為在歷史上或國際法上都屬於日本領土。

解說4

美軍基地集中在沖繩，是爲了保障世界安全!?

沖繩美軍基地配備了最高規格的軍事設施

打贏二次世界大戰並掌握世界霸權的海權強國美國，擁有壓倒性的軍事力量，目前也在全球各地部署軍事基地。其中規模最大的美軍基地就位在日本沖繩縣，光是這裡美國就部署了三十處以上的軍事設施，不但配置最先進的戰鬥機，還有裝備精良的士兵訓練設施，沖繩的美軍基地無疑是全球最高等級的軍事基地。

亞洲地區除了日本，還有一個美軍基地。位在菲律賓蘇比克灣的海軍基地，自一八九八年開始運作，與沖繩一起分擔二戰後美國在亞洲地區的軍事任務。不過，蘇比克灣海軍基地已經在一九九二年關閉，所以現在是沖繩擔當著亞洲地區最大美軍基地的角色。

世界各主要城市都在沖繩基地的射程範圍內

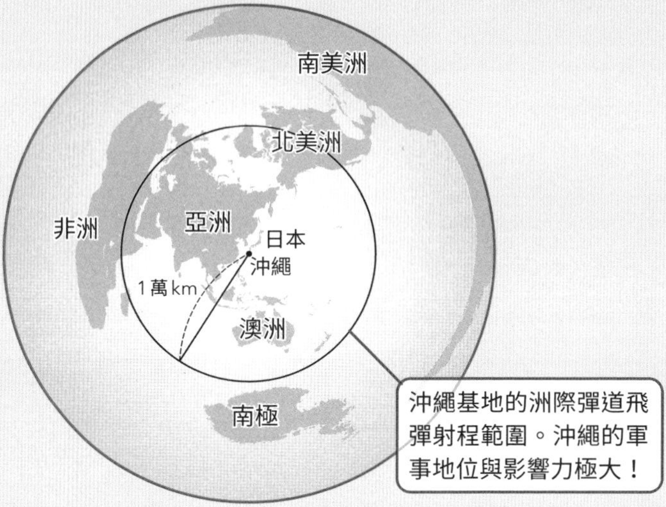

沖繩是一個完美的戰略基地

如果以沖繩爲中心來觀看地圖，便能發現美軍的戰略企圖。

舉例來說，假如美軍在沖繩部署一枚射程達一萬公里的洲際彈道飛彈（ICBM），那麼它的射程範圍之內有倫敦、莫斯科、中東地區、亞洲全境、澳洲全境等，涵蓋了世界上大多數的主要城市。一旦世界的哪個角落卽將發生戰爭，沖繩就是部署ICBM的最佳地點，當全球發生緊急情況時，美國可以從沖繩發射ICBM來牽制其他國家。

再加上，現在最值得留意的亞洲國家是中國，中國不惜一切代價想要擴張海權，沖繩便是一個遏阻中國最理想的地點。所以美國持續從沖繩監視並牽制中國，發揮維持亞洲和平穩定的作用。

此外，與其他國家相比，日本的政治穩定，又是先進國家，港口和道路等基礎建設非常發達，因此具有讓美軍基地穩定、持續運作的優良條件。這樣看來，對於美國來說，全世界幾乎沒有哪個地方的地緣政治優勢比得上沖繩！

美軍與沖繩人民之間的問題

儘管沖繩在地緣政治上非常重要，然而因為基地遷移等問題，美軍與當地居民不斷發生衝突也是不爭的事實。由於美軍士兵在沖繩頻頻發生交通意外、強暴女性，以及直升機墜機事故等，使得沖繩居民生活充滿不安，希望美國能誠心正視沖繩基地的問題。

POINT

- ▼沖繩提供了美國完美的地緣政治條件。
- ▼美軍由沖繩來牽制中國擴張海權。
- ▼駐沖繩的美軍在當地造成事故，使日本民意反彈，許多問題仍待解決。

可以瞭望全區的位置，在戰略上很重要喔！
在工作上也是，在任何方面都是！
工作效率會變好嗎？
那當然！
店裡面的這種位置在……
就是這裡！
每個座位都看得清清楚楚！
ぎゅっ
握緊

專欄 2

朝鮮半島的北緯38度線，有什麼意義？

由地緣政治學的角度來看，朝鮮半島的地理條件相當不利。怎麼說呢？因爲除了與大陸相連的部分之外，其餘都被海洋包圍，一旦受到來自大陸的攻擊，根本無處可逃。中國與朝鮮半島之間沒有險峻的山岳阻隔，儘管有鴨綠江和圖們江貫穿其間，可惜水並不深，很容易渡江。

地理條件先天不足的朝鮮半島，自古以來頻繁遭受中國、北方遊牧民族，以及俄國等陸權國家侵略。隨著航海技術發展，到了對海權國家有利的時代，又開始被其他國家跨海侵略。

在19世紀後半，以獲得陸權爲目標的日本，勢力也擴及韓國，日本在日俄戰爭中打贏南下的俄國後，在1910年併吞韓國。

第二次世界大戰後，日本退出朝鮮半島，全球權力平衡狀態變成兩大陣營，分別是以美國和蘇聯爲首的資本主義國家和社會主義國家。對於朝鮮半島的爭奪戰，發展爲朝鮮戰爭（＊臺灣稱韓戰），朝鮮半島淪爲蘇聯所率領的陸權國家與美國率領的海權國家彼此較量的主戰場。結果，半島北部遭到俄國佔領，南部則被美國佔領，雙方以北緯38度做爲分界，分成南北韓，因此，北緯38度線也可說是海權與陸權的勢力調整線。

後來，南北韓各自獨立爲國家，北韓加入蘇聯和中國陣營，成爲陸權國家；南韓則加入美國和日本的行列，成爲海權國家。

北韓對於中俄關係惡化，以及美國的盟友南韓、日本，保持警戒態度；它尋求獨立的外交模式，並發展核武，成爲擁核武國家。現在的北韓仍然一邊觀察國際情勢，一邊持續進行導彈試射。

南韓現在雖然是海權國家，但它也有跟美國保持距離，並向中國靠攏的動向，對於美國和中國的外交策略顯得搖擺不定。

總結來說，北韓位於邊緣地帶，對周邊國家來說，是能夠避免直接發生衝突的緩衝地帶，但這點也成爲阻撓南北韓統一的原因之一。

Part 2

最強海權國家今後的動向

從地緣政治學看美國

本篇就來看看持續穩坐世界龍頭寶座的美國吧！
海權大國美國如何在全球發揮影響力呢？
無論是今後對中國的戰略，或對中東的政策，
都能從地緣政治學的觀點一一了解。

解說1

美國是巨大的島國，也是世界最強海權大國

由近海挺進太平洋，藉海權擴大疆域

美國是一個大陸國家，東臨大西洋，西臨太平洋，北接加拿大，南接墨西哥，大部分地區被海洋圍繞；鄰國加拿大和墨西哥在軍事或經濟方面都不及美國。

換句話說，美國周邊沒有敵國，又擁有不易受到他國侵略的地理優勢，所以是一個具有島國特徵的海權國家。隨著一七七六年發表《美國獨立宣言》，美國從美洲大陸東部的十三州開始，逐步向西挺進，不斷拓展領土；到了十九世紀末，美國征服整片土地，儼然成爲一塊大島。由於具有不易遭受外來侵略的島國優勢，本國軍事力量也容易向外發展，之後美國開始進軍海洋，一八九八年，美國贏得美西戰爭勝利，奪下波多黎各、菲律賓和關島；在東太平洋方面，美國也將夏威夷收歸旗下，逐步擴大海權實力。

連接美國東西海岸的海上航線，最初只有航經「好望角－麻六甲海峽－上海」的這條航

AMERICA

美國與鄰國的國力差距（2020年）

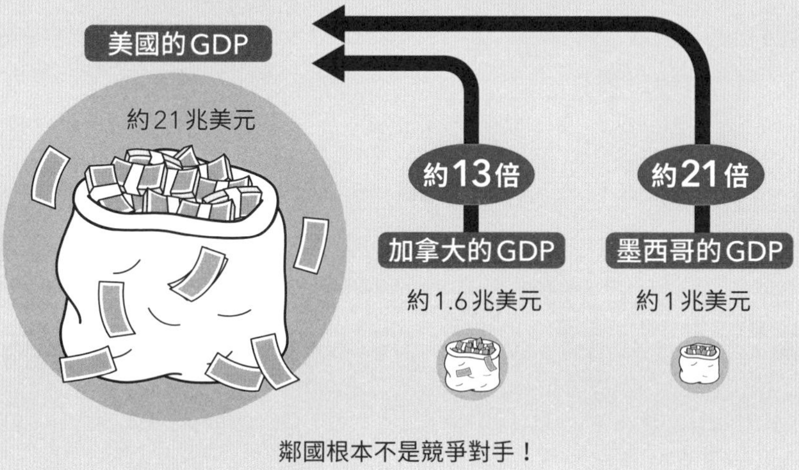
美國的GDP
約21兆美元
約13倍
約21倍
加拿大的GDP
約1.6兆美元
墨西哥的GDP
約1兆美元
鄰國根本不是競爭對手！

線，以及南美洲的德雷克海峽航線。

在美國海軍將領馬漢提出「稱霸海洋者稱霸全世界」的主張以後，美國政府呼應這項見解，開始興建巴拿馬運河，第一次世界大戰爆發後不久的一九一四年八月，運河開通。從此美國海權急遽擴張，登上世界海洋霸權的寶座。

美軍基地遍布全世界，鎮守海上咽喉點

想要掌控住維繫世界各國經濟命脈的海上交通網，最有效的辦法就是控制住咽喉點。因爲在每個國家部署海軍和陸軍必須付出高昂的

世界各地的美國軍事基地

約在150個國家，部署
500處以上的軍事基地！
橫須賀美國海軍基地（橫須賀）
擁有能在陸上整修軍艦的「乾式船塢」，也能
供航空母艦或大型軍艦停靠（規模世界最大）。
嘉手納基地（沖繩）
將世界各主要城市納入洲際
彈道飛彈的射程範圍之中。
四面環海
不易入侵
拉姆斯泰因
空軍基地（德國）
珍珠港-希卡姆
聯合基地（夏威夷）
巴林海軍支援設施
迪亞哥加西亞島美軍基地（印度洋）
廣泛部署在咽喉點
或紛爭地區的周邊。

美軍駐日防衛設施

三澤航空基地（青森）
車力通訊站（青森）
橫田航空基地（東京／駐日美軍司令部）
橫濱北塢（神奈川）
座間基地（神奈川）
厚木海軍航空基地（神奈川）
橫須賀海軍基地（神奈川）
富士軍營（靜岡）
經岬通訊站（京都）
岩國航空基地（山口、廣島）
吳市六號碼頭（廣島）
板付航空基地（福岡）
佐世保海軍基地（長崎）
佐世保乾塢區（長崎）
佐世保彈藥補給站（長崎）
橫瀨儲油站（長崎）
針尾島彈藥儲存區（長崎）
立神港區（長崎）
施瓦布營（沖繩）
邊野古彈藥庫（沖繩）
漢森軍營（沖繩）
嘉手納彈藥庫（沖繩）
天願棧橋（沖繩）
考特尼營（沖繩）
席爾斯營（沖繩）
嘉手納航空基地（沖繩）
瑞慶覽營（沖繩）
白灘海軍基地（沖繩）
普天間海軍陸戰隊航空基地（沖繩）
那霸港灣設施（沖繩）

成本，假如只在咽喉點部署軍力，就能以低成本、低勞力，達到控制各國的效果。

據知美國在全球一百五十多國部署了五百處以上的軍事設施，掌控了世界主要的咽喉點。全世界大約有十至十五個特別重要的咽喉點，例如荷姆茲海峽、麻六甲海峽等，這些據點也是維繫日本經濟的重要命脈。換句話說，日本大部分的海上運輸網都受到美國的保護。

世界海洋霸權目前掌握在美國的手中，但是未來很有可能會轉移到其他陸權國家。因此，美國除了在日本，更在德國和巴林等大約六十個國家部署大規模軍事基地，留意著歐洲、中東、亞洲，觀望歐亞大陸的權力平衡。

POINT

▼地緣政治學將美國視為巨大的島國。
▼美國掌握了世界各主要咽喉點，並監控其他國家的動態。
▼美國特別關注包含俄國、中國、伊朗在內的歐亞大陸國家。

解說2

該如何壓制野心勃勃且持續擴張的中國？

猛追超級大國美國，以追求對等地位的中國

中國的經濟飛躍成長，在二〇一〇年擠下日本，成爲世界GDP排名第二的經濟大國，在國際間的存在感也大爲提升。中國以強大的經濟實力做後盾，有充裕的資金來積極加強軍事力量，中國之所以如此強化軍備能力，是因爲中國長久以來做爲陸上強國而發展，現在國力增加了，目標便轉爲取得海上強國的地位。

中國國家主席習近平提倡的「一帶一路」構想，是中國利用擴張海權來獲取世界霸權的戰略。美國對此抱持警戒的態度，更與其他包含日本在內的海權國家合作，企圖強力壓制中國，這也是一種透過打壓排名第二的國家，來達成權力平衡的戰略（見P.38）。

AMERICA

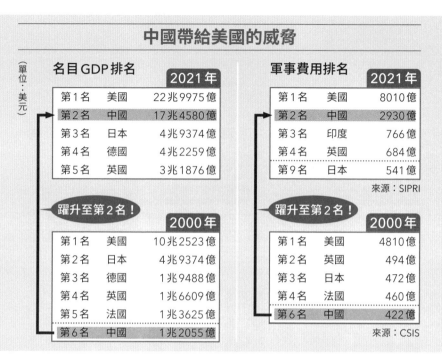

中國帶給美國的威脅

（單位：美元）

名目GDP排名

2021年

第1名	美國	22兆9975億
第2名	中國	17兆4580億
第3名	日本	4兆9374億
第4名	德國	4兆2259億
第5名	英國	3兆1876億

躍升至第2名！

2000年

第1名	美國	10兆2523億
第2名	日本	4兆9374億
第3名	德國	1兆9488億
第4名	英國	1兆6609億
第5名	法國	1兆3625億
第6名	中國	1兆2055億

軍事費用排名

2021年

第1名	美國	8010億
第2名	中國	2930億
第3名	印度	766億
第4名	英國	684億
第9名	日本	541億

來源：SIPRI

躍升至第2名！

2000年

第1名	美國	4810億
第2名	英國	494億
第3名	日本	472億
第4名	法國	460億
第6名	中國	422億

來源：CSIS

美中「新冷戰」

中國藉由積極親近非洲、中南美洲和古巴，並嘗試在巴拿馬運河附近另建新運河等方式，亟欲擴大海洋行動的規模。二〇一四年，美國歐巴馬政府決定與古巴恢復邦交，改變了以往對古巴的政策，背後的意圖，應該是同年中國正式訪問古巴，美國受到外交壓力而做出的反應（見P.70）。

隨著中國在東海、南海日益擴張，美國聯合日本、澳洲、印度等中國周邊的海權國家組成聯盟，依據「自由開放的印度－太平洋」的構想，試圖阻止中國的非法活動，以

美國的權力平衡戰略

1980年代

第1名	美國
第2名	日本
第3名	中國

友好關係

與第3名國家締結友好合作關係。

→

2010年代

第1名	美國
第2名	中國
第3名	日本

對立關係

對第2名國家施壓，以鞏固本國的地位。

●美國對中國施加的各種壓力

貿易摩擦

以保障美國國內產業為目的，對從中國進口的鋼鐵、機器人、半導體、家具和家電等課徵高關稅。（為了對抗美國，中國也對從美國進口的物品課徵高關稅。）

維吾爾問題

美國指控中國政府在新疆維吾爾自治區進行大規模殺害、強制絕育等嚴重侵害人權行為，並聯合歐盟、英國和加拿大等國發動制裁。

禁用華為產品

以對美國的安全造成威脅為由，排除中國電信大廠華為的產品，意圖降低中國在5G相關產業中的佔比。

新冠病毒問題

指出造成全世界大流行的新型冠狀病毒源自中國的武漢市，指責中國引發疫情。

牽制中國支援俄國

警告中國在俄烏戰爭中若對俄國提供軍事或經濟支援，將受到經濟制裁。封鎖對於西方不利的行動。

●圍堵中國的策略

藍點網路計畫

由美國、澳洲、日本主導，制定基礎建設認證，意旨在促進透明且財務可持續的基礎建設發展。期望在美國的主導下讓計畫廣泛普及，建立基礎建設開發的國際標準，與中國的「一帶一路」抗衡。

自由開放的印度洋-太平洋

以美國（夏威夷）、日本、印度和澳洲為中心的安全保障體制。將印度洋-太平洋領域發展為國際公共財產，帶來法治、航行自由、自由貿易的普及和落實、追求經濟繁榮、確保和平與穩定等等。

及騷擾周邊國家的行為。因此，一項關於基礎建設開發的認證制度「藍點網路計畫」應運而生。在經濟方面，二〇一七年美國總統川普上任後，正式展開封鎖中國對外行動的政策。二〇一八年，美國以侵害智慧財產權為由，對中國製造的產品課徵高額關稅，而中國也以報復性課徵關稅來反擊，引發兩國間的貿易戰。

大約從這個時候開始，「美中新冷戰」一詞頻繁出現在媒體上。

二〇二〇年，美國通過一項法律，禁止使用可能對國家安全造成威脅的通訊設備。美國採取了限制半導體出口給中國電信大廠華為等強硬的措施；不料，二〇二〇年新冠病毒大流行，國際情勢掀起巨大的變化，人流和物流皆停滯不前，逐漸改變了傳統的全球化形態。在這種情況下，像中國這樣人口眾多的陸權國家，能夠在自己國內推動經濟循環，所以受到的影響不大。未來美國將如何對付中國，值得密切關注。

POINT

- ▼中國已成長為足以與美國爭霸的全新國家。
- ▼美中貿易戰正式進入新冷戰時代。
- ▼美國與其他海權國家合作，展開施壓中國大作戰。

解說3

美國逐步從中東的穩定局勢中抽身

改變美國能源供給的「頁岩油」

過去美國也曾在本國生產石油，但產量不足以支撐經濟所需，因此不得不從中東產油國家進口。爲了確保能源供應穩定，美國一直非常重視與中東產油國家的關係。不過，隨著美國原油開採技術的創新，情況已逐漸發生變化。從二〇〇〇年代初期開始，一種利用高壓注水方式使頁岩產生裂縫的「水力壓裂法」問世了。

這項技術創新被稱爲「頁岩油革命」。在美國和加拿大，使用這種開採技術的原油產量急速增加。美國終於能夠生產足夠的石油來滿足國內消費需求。不僅如此，二〇一三年，美國的原油生產量更超越了進口量，從石油進口國轉變爲石油出口國。

AMERICA

美國頁岩油產量的變化

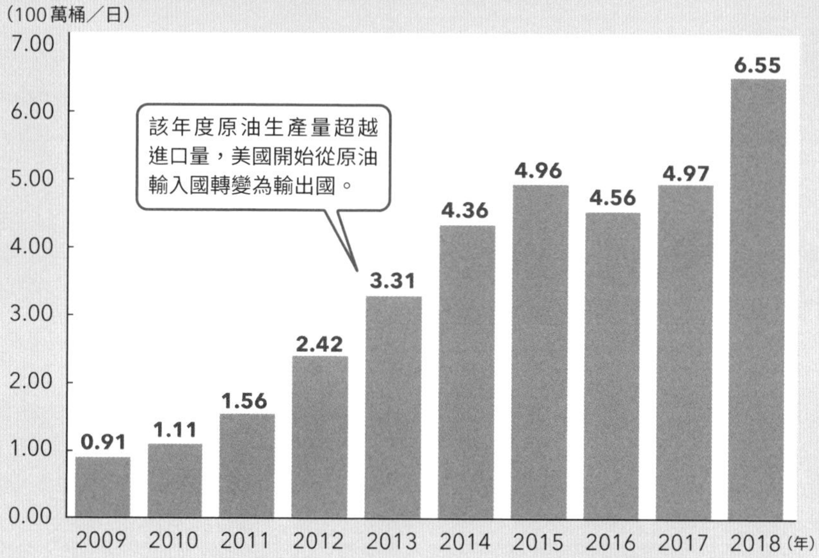
(100萬桶／日)
7.00
6.00
5.00
4.00
3.00
2.00
1.00
0.00
該年度原油生產量超越進口量，美國開始從原油輸入國轉變為輸出國。
0.91
1.11
1.56
2.42
3.31
4.36
4.96
4.56
4.97
6.55
2009
2010
2011
2012
2013
2014
2015
2016
2017
2018
(年)

美國重新檢視與中東的關係

美國之所以在重要的咽喉點——荷姆茲海峽附近設置軍事基地，不但是爲了監視敵國伊朗，也是爲了確保石油利益，美國爲此不遺餘力的與中東國家建立良好關係。

但現在美國國內已經能生產足夠的石油，與中東關係的重要性自然就下降了。

第二次世界大戰後，位於心臟地帶的蘇聯和海權大國美國，兩大勢力開始互相爭奪世界霸權。蘇聯解體後，美國以世界警察自居，在世界各地建置軍事設施，監視國際情勢。

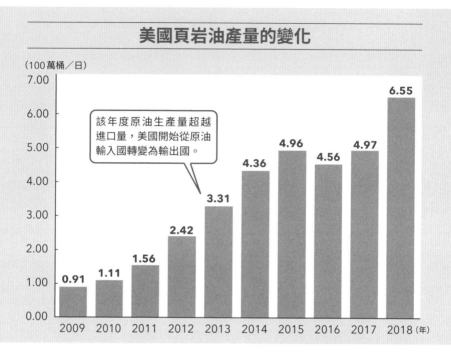

美國在中東地區的軍事部署

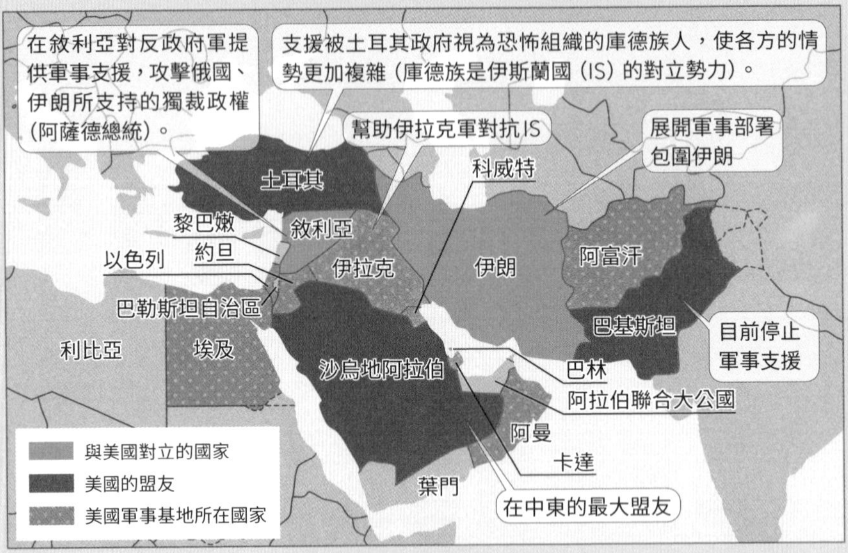

在敘利亞對反政府軍提供軍事支援，攻擊俄國、伊朗所支持的獨裁政權（阿薩德總統）。
支援被土耳其政府視為恐怖組織的庫德族人，使各方的情勢更加複雜（庫德族是伊斯蘭國（IS）的對立勢力）。
幫助伊拉克軍對抗IS
展開軍事部署包圍伊朗
土耳其
科威特
黎巴嫩
敘利亞
約旦
以色列
伊拉克
伊朗
阿富汗
巴勒斯坦自治區
巴基斯坦
目前停止軍事支援
利比亞
埃及
沙烏地阿拉伯
巴林
阿拉伯聯合大公國
阿曼
卡達
葉門
在中東的最大盟友
與美國對立的國家
美國的盟友
美國軍事基地所在國家

原油生產量前20大國家（2021年）

排名	國名	產油量（萬桶／日）	排名	國名	產油量（萬桶／日）
1	美國	1647.6	11	挪威	200.1
2	沙烏地阿拉伯	1103.9	12	墨西哥	191.0
3	俄國	1066.7	13	哈薩克	181.1
4	加拿大	513.5	14	卡達	180.9
5	伊拉克	411.4	15	奈及利亞	179.8
6	中國	390.1	16	阿爾及利亞	133.2
7	阿拉伯聯合大公國	365.7	17	安哥拉	132.4
8	伊朗	308.4	18	英國	102.9
9	巴西	302.6	19	阿曼	95.1
10	科威特	268.6	20	哥倫比亞	78.1

但在二〇一三年，歐巴馬總統公開表示美國不再擔任世界警察，繼任的川普總統更主張「美國優先」，對於介入中東的和平轉趨消極，並且表現出支持以色列政府的姿態，不惜讓美國與伊朗的關係惡化。美國開始重視在世界上扮演各種角色的成本效益問題。終於，美國決定撤出與伊斯蘭武裝兵力、塔利班政權等持續了將近二十年的阿富汗戰爭，二〇二一年，現任的拜登總統執行撤軍完畢。從以上種種動向可以看出，近年美國對中東「收手」的政策方針轉變。

假如美國從中東撤軍……

相對於逐漸撤出中東的美國，中國與俄國對於中東各國的影響力卻在逐漸增加。這項趨勢很可能改變將來世界的能源供給平衡和國際政治。日本的能源有九成仰賴中東供給，一旦美國在中東的影響力減弱，日本將被迫採取新措施來確保海路安全。

POINT

- 頁岩油問世，使美國成為石油輸出國。
- 美國將來可能從中東退出。
- 俄國和中國正在接近中東以取代美國。

美國與古巴的關係將何去何從？

從19世紀末到20世紀初，美國才跨出進軍海洋的第一步，就成爲加勒比海近海一帶的霸主。美國在美西戰爭中贏得勝利後，奪取了西班牙的殖民地波多黎各，又將已經獨立的古巴納爲保護國。1903年，美國獲得古巴的關塔那摩灣部分土地的永久租借權，在那裡建立了一個海軍基地。另外，美國還在基礎建設及甘蔗種植等方面投入龐大資金，從政治和經濟兩方面成功控制住古巴。

然而，當古巴因資本主義導致社會貧富差距懸殊的時候，信奉社會主義的革命家菲德爾．卡斯楚登場了。1959年，卡斯楚發起古巴革命，推翻了當時的巴蒂斯塔政權，並在冷戰期間獲得蘇聯的支持，使古巴成爲社會主義國家。

美國自1961年起與古巴斷交；1962年，長年以來關係緊張的美蘇兩國，對於是否從古巴撤除核子彈道飛彈的問題產生衝突，差點就要引發全面核戰。不過在蘇聯瓦解之後，古巴失去靠山，陷入孤立無援的處境。

美國前總統歐巴馬打破了僵局，2015年，美古兩國在相隔五十四年後首度恢復邦交，隔年，歐巴馬正式訪問古巴。古巴一旦能與加拿大、美國旅行往來，觀光收入將增加，美古兩國的關係將獲得改善。不過，美國之所以轉變態度，一方面跟警戒中國有關，中國爲了將勢力伸展到加勒比海，藉由投資古巴的基礎建設來接近古巴。

只是，好不容易回溫的兩國關係，在2017年川普總統上臺後，又開始倒退。川普下令對古巴實施經濟制裁，再次將古巴列入支持恐怖主義國家的名單中，兩國再度對立。

古巴政權歷經從卡斯楚兄弟更迭爲狄亞士-卡奈總統，新世代的古巴爲了活絡經濟，似乎期待能與美國建立「尊重彼此差異且具有建設性」的關係，儘管當今的美國拜登政府對此並未做出具體回應，但對於遭受新冠肺炎影響，經濟雪上加霜的古巴國民，表明了提供援助的方針。

說到領土爭議，
日本無法迴避
尖閣諸島＊
的議題呢！
中國還說「那是
我們中國的」呢！
對於這一點，我
們必須要思考的
是身為陸權國家
的中國有何意圖。
！
「中國想要
出海！」

＊臺灣稱釣魚臺列嶼

沒錯！
中國希望藉由進出海洋，擴大經濟圈與影響力。
尖閣諸島正是重要的墊腳石。
沖繩
尖閣諸島
明明只是一群小小的島嶼而已。
中國擬定了所謂的「第一～第三島鏈」軍事戰略。
想要藉由擴張海洋勢力範圍，與海權大國美國競爭。
第一島鏈
第二島鏈
第三島鏈
這不可能吧……
中國可是從一九八〇年代起就擬好五十年計畫，努力實現這個目標喔！
好遠大的企圖心……
對中國來說，日本列島的位置相當礙眼。
換句話說……
クルッ
攤開

喔喔！
日本列島的位置剛好把中國出海的去路完全擋住。
美國等於是利用日本當做圍堵中國的屏障嘛。
美國不想和共產主義的中國接壤，
所以對美國來說，日本是重要的屏障。
中國堅持擁有臺灣，也是基於這個理由。
只要吞併東邊的臺灣，就能獲得進出海洋的重要據點。
「臺灣、尖閣諸島、沖繩以及日本本土，有連帶風險」，
原來是這個意思！

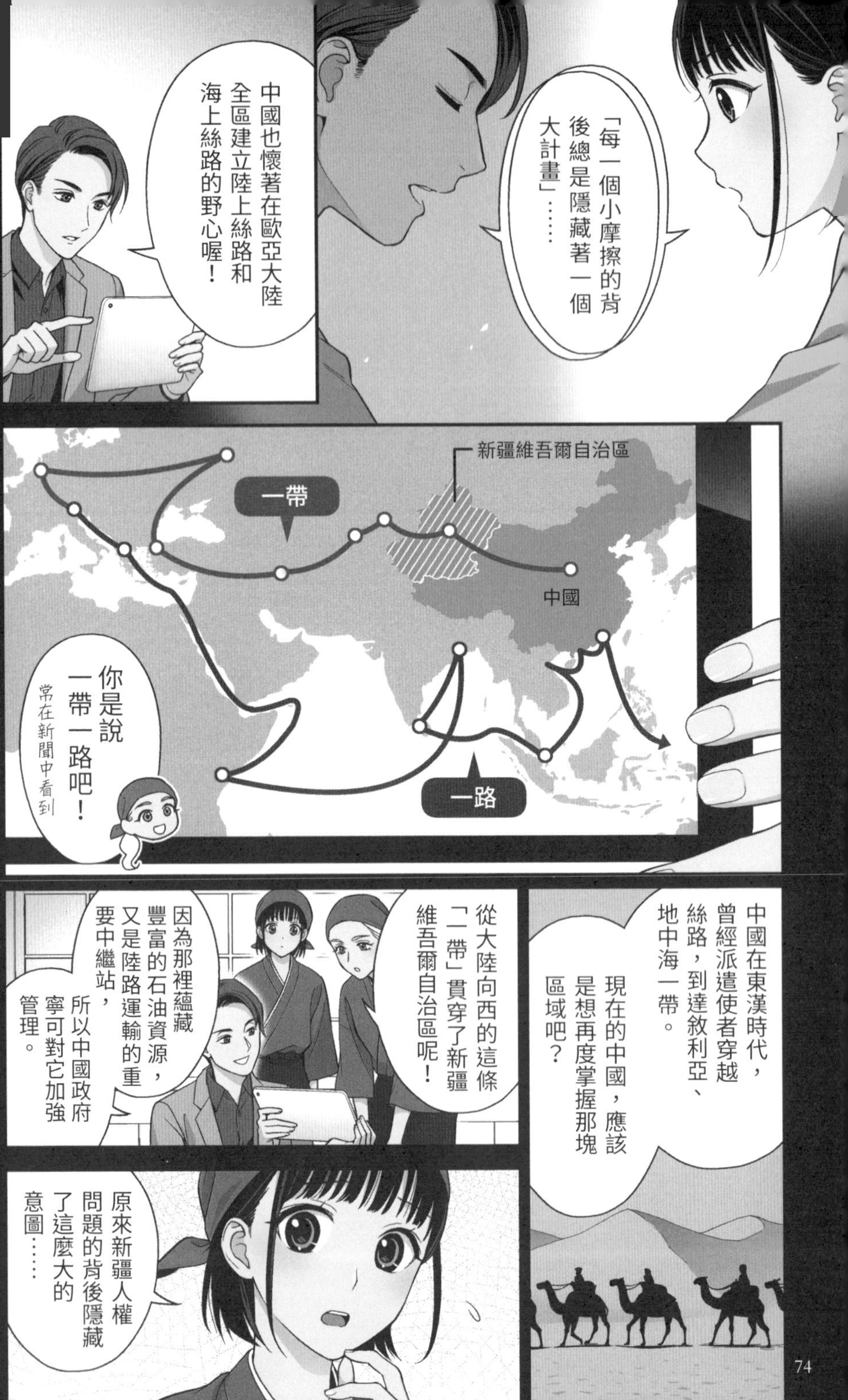
「每一個小摩擦的背後總是隱藏著一個大計畫」……
中國也懷著在歐亞大陸全區建立陸上絲路和海上絲路的野心喔！
新疆維吾爾自治區
一帶
中國
一路
你是說一帶一路吧！
常在新聞中看到
中國在東漢時代，曾經派遣使者穿越絲路，到達敘利亞、地中海一帶。
現在的中國，應該是想再度掌握那塊區域吧？
從大陸向西的這條「一帶」貫穿了新疆維吾爾自治區呢！
因為那裡蘊藏豐富的石油資源，又是陸路運輸的重要中繼站，
所以中國政府寧可對它加強管理。
原來新疆人權問題的背後隱藏了這麼大的意圖……

至於「一路」，則是透過「債務陷阱」，擴大中國的支配權。
債務陷阱？
宣稱要協助開發中
的基礎建設，借錢
們，
一旦哪個國家還不出錢，就要它租借港口給中國企業等方式做為補償，
這樣就能合法增加中國可以自由使用的港口數量。
印度
斯里蘭卡
漢班托塔港
中國要求斯里蘭卡租借漢班托塔港，就是一個典型的例子。
等於是一步一步的增加海運的據點耶。
好厲害……
海權國家的優勢在於，藉由航運很容易就可以擴大經濟圈。
中國用經濟援助等方式來加深與受援助國家的關係，
等到受援國意識到這一點時，已經無法逃脫了。
但是，斯里蘭卡的國民整體上好像不太重視這一點。
似乎覺得有中國支援讓經濟變好，總比大家都貧窮還好。
但是，被債務逼得抵押這又抵押那的，不是穩當的做法吧！
這也算是一種不用動武就能控制其他國家的辦法吧。

cafe coff
原來要用對方的邏輯思考，才能了解對方真正的目的呀……
たけ寿司
ば
早安——！
什麼？
你結婚以後還要繼續工作？
是呀！
現在的工作還滿愉快的，而且這回老闆打算讓我管理團隊。

這樣很傷腦筋耶。要是有了孩子以後你打算怎麼辦？
到那時候就兩個人一起分擔——
頂多兼差打工吧！老婆還做全職工作，那結婚就沒意思啦！
為什麼？
……那誰要做家事呢？
我會趁結婚搬出來住耶。
以後會怎麼樣又不曉得，
現在就要我決定當家庭主婦，我也會不安呀！
你說對不對？
咦
啊、啊
我現在還不太了解那些……
那你覺得呢？
你說結婚的事嗎？
是啊。

我覺得沒必要凡事都由「男人掌握主導權」。
兩個人各自把自己的主張全都說清楚，
有達成共識的部分就一起執行，這樣不是很好嗎？
你的意思是，不分男女，能賺錢的人就負責賺錢養家是嗎？
是呀。
我之所以來日本工作，也是因為這樣對我家最有利。
像我爸在俄國工作領到的薪水，就不可能比我在這領得多。
可是這裡是日本。
我說的是對於相互關係的想法。
「我應該這樣做」、「我想那樣做」，凡事都以自我為優先的話，也太奇怪了。
畢竟……

反正你就是要跟我唱反調就對了？
我是希望我們能再商量一下。
ガタッ
突站起
看來我們兩個人的婚事，應該要重新考慮！
バン
砰
你好好的冷靜一下。
ピシャッ
啪
……幹嘛發火
我是不是太多嘴了？
你不用在意。
我了解他的意思，但不同意他的想法，
太自私了。

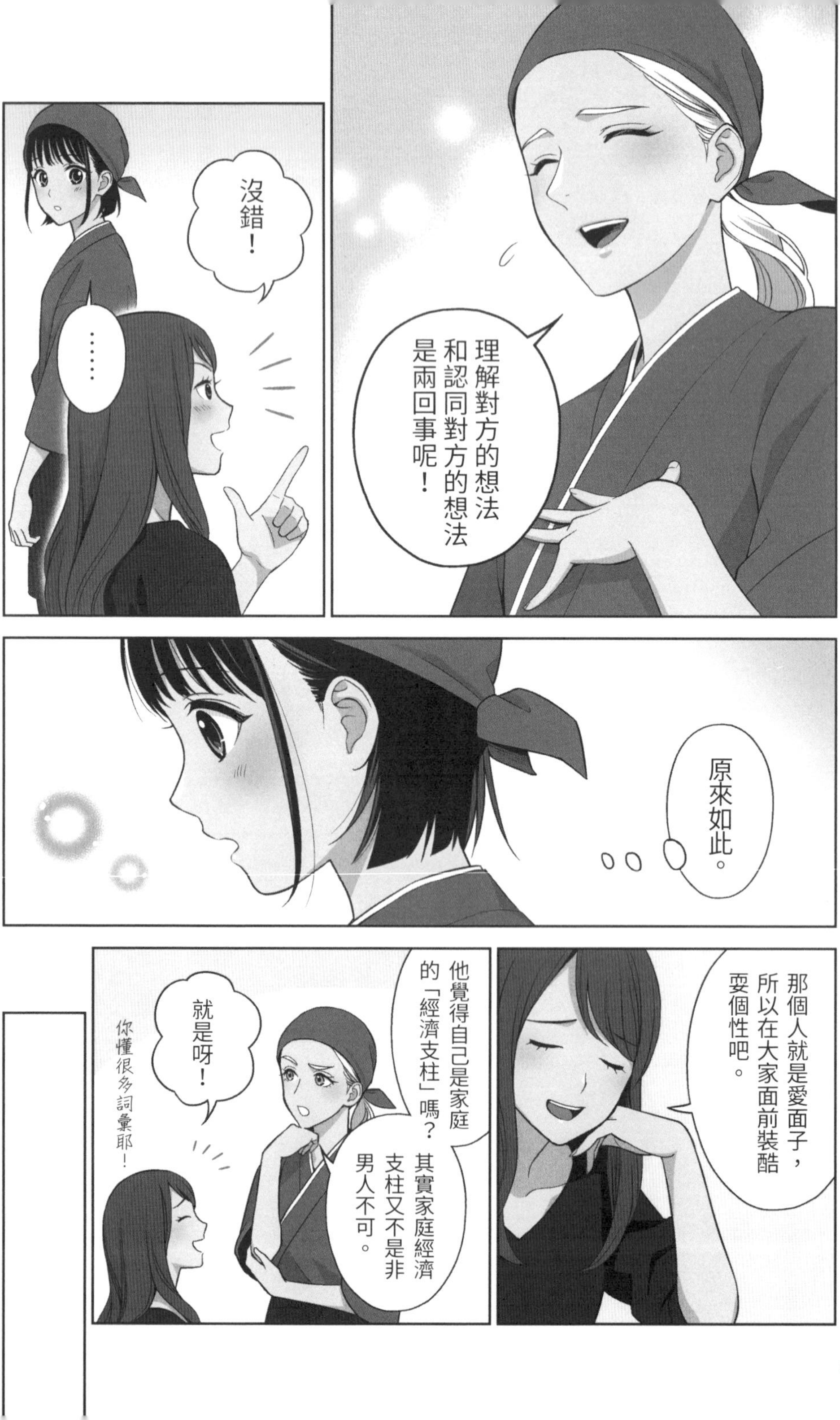
理解對方的想法和認同對方的想法是兩回事呢！
沒錯！
……
原來如此。
那個人就是愛面子，所以在大家面前裝酷耍個性吧。
他覺得自己是家庭的「經濟支柱」嗎？
其實家庭經濟支柱又不是非男人不可。
就是呀！
你懂很多詞彙耶！

烏克蘭堅持到現在，仍然決心奮戰到底耶。
不知道俄烏戰爭還要打到什麼時候？
俄國宣稱「消滅新納粹政權」符合正義。
說不過去吧。
喀啦啦
其實背後另有目的……
是不是？
被你說中了。

那麼，剛剛說「消滅新納粹政權」……
那只是方便出兵的藉口，烏克蘭跟俄國一樣都是斯拉夫民族。
俄國發表宣言說要保護同胞、收復偉大的俄國，
是為了提振國民和軍隊的士氣。
換句話說，那並不是真正的動機囉？
我覺得保障安全是很重要的理由。
無論使用什麼手段，守護國家不被侵略都是第一要務！
烏克蘭申請加入北約組織的動作，對俄國來說是非常重大的威脅。
俄國口中的希望「烏克蘭中立」，其實是希望烏克蘭放棄加入北約組織，讓俄軍進駐烏克蘭。
NATO
什麼嘛，那樣根本不叫中立吧！
俄國說的當然是俄國斯單方面的想法，別國認不認同是另一回事。

俄國的領土廣大，邊界漫長。
很難做到全面防衛國土安全。
所以過去是以擴大共產主義集團，鞏固與周邊國家的合作關係，來保護自己的國家。
所以從前有「蘇維埃聯邦」！
俄國希望用這種方式，在自己和西方勢力之間設置緩衝地帶。
但是蘇聯瓦解以後，俄國周邊的國家也陸續獨立。
我的地盤!!
因此，俄國自然會產生「那些本來就是我的地盤，必須要回來」的念頭。
那也是很自私呀！
畢竟周邊國家的國民是希望獨立的！
俄國在經濟發展上需要港口。
這我們懂。

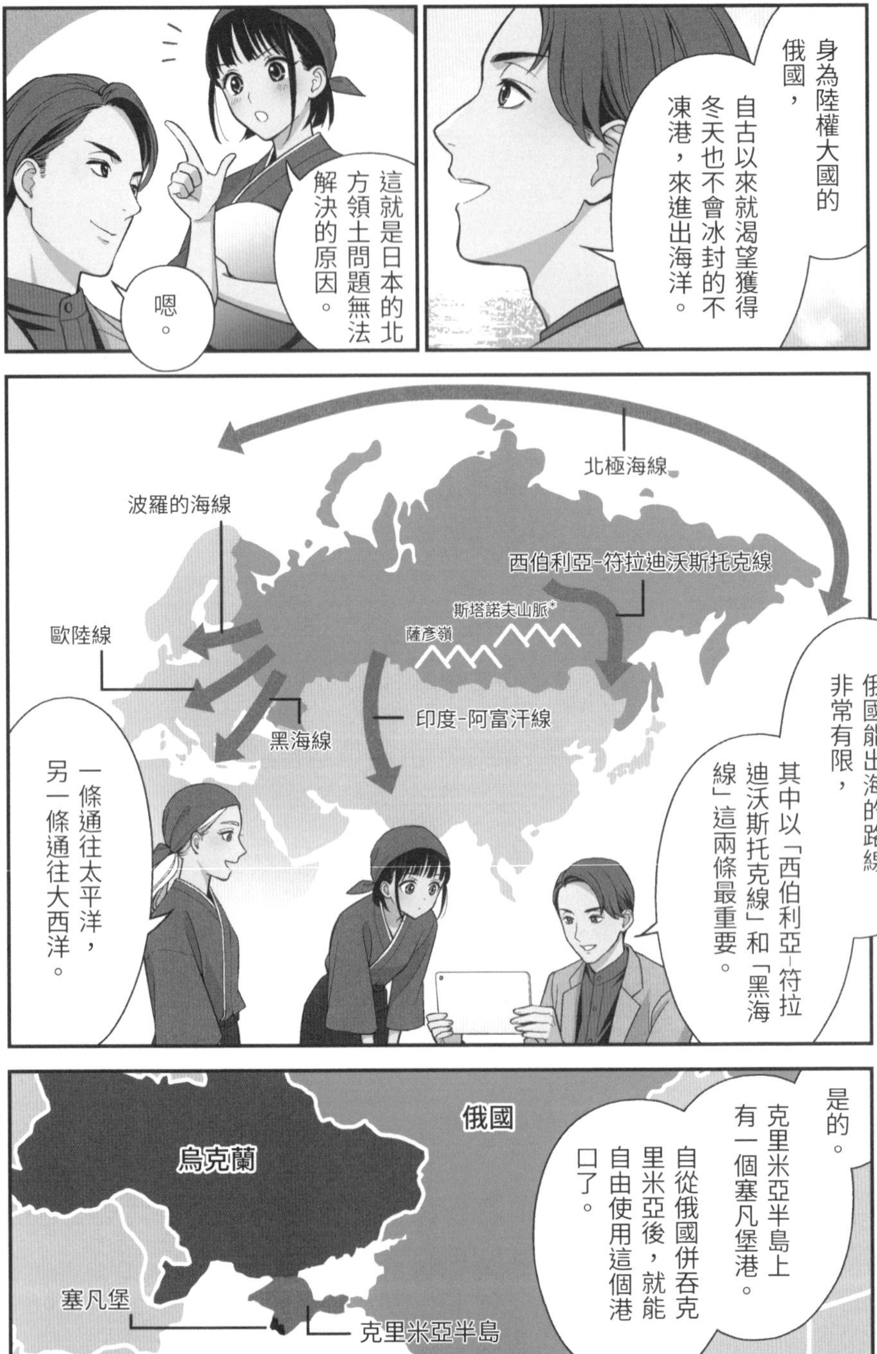
身為陸權大國的俄國，
自古以來就渴望獲得冬天也不會冰封的不凍港，來進出海洋。
這就是日本的北方領土問題無法解決的原因。
嗯。
北極海線
波羅的海線
西伯利亞-符拉迪沃斯托克線
斯塔諾夫山脈*
薩彥嶺
歐陸線
黑海線
印度-阿富汗線
俄國能出海的路線非常有限，
其中以「西伯利亞-符拉迪沃斯托克線」和「黑海線」這兩條最重要。
一條通往太平洋，另一條通往大西洋。
是的。
克里米亞半島上有一個塞凡堡港。
自從俄國併吞克里米亞後，就能自由使用這個港口了。
俄國
烏克蘭
塞凡堡
克里米亞半島

*中國稱外興安嶺

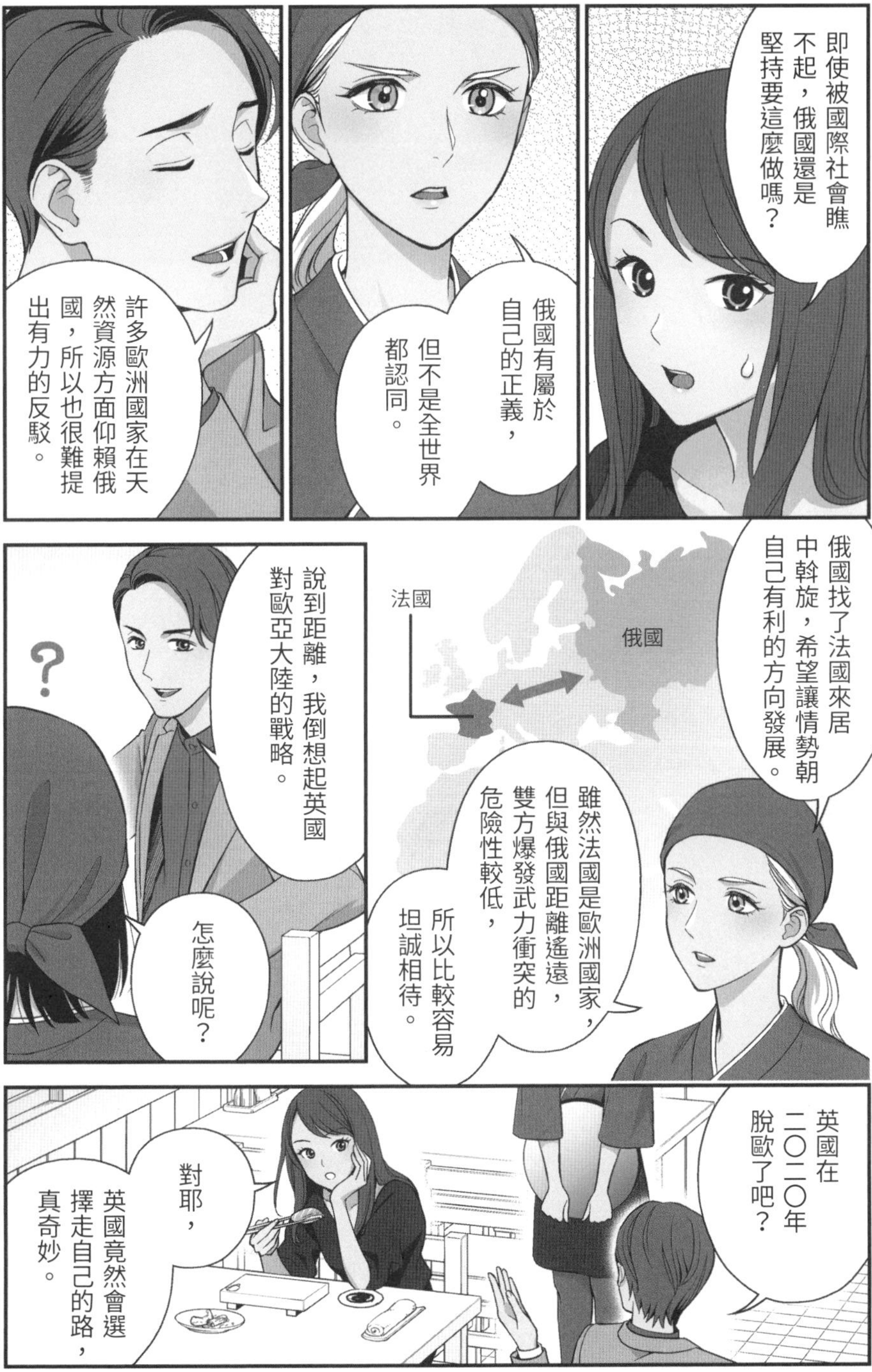
即使被國際社會瞧不起，俄國還是堅持要這麼做嗎？
俄國有屬於自己的正義，
但不是全世界都認同。
許多歐洲國家在天然資源方面仰賴俄國，所以也很難提出有力的反駁。
俄國找了法國來居中斡旋，希望讓情勢朝自己有利的方向發展。
法國
俄國
雖然法國是歐洲國家，但與俄國距離遙遠，雙方爆發武力衝突的危險性較低，
所以比較容易坦誠相待。
說到距離，我倒想起英國對歐亞大陸的戰略。
？
怎麼說呢？
英國在二〇二〇年脫歐了吧？
對耶，
英國竟然會選擇走自己的路，真奇妙。

英國是海權國家，自然不想被捲入大陸國家之間的紛擾。
隔岸觀火
對於西班牙、法國、德國、俄國等
隨時代興起的國家，英國會希望處於能臨機應變的靈活位置。
英國厭倦被歐盟困住、大家同生共死的情況了嗎？
事實就是如此呀。
我覺得，脫歐其實是不想被大局牽著走，希望維持獨立自主的方針。
你們不覺得嗎？

Part 3

與美國競爭的思路和手段

從地緣政治學看中國

意圖進一步擴張的中國，具備陸權大國獨有的戰略。
本篇來看看中美互相角力，會出現什麼樣的場面？
中國與鄰國關係看似複雜，
從地緣政治學的角度觀察卻非常清楚！

解說1

中國是不斷擴張的陸權大國，甚至也想獲得海權！

由於地緣政治關係，注定與周邊國家紛爭不斷

中國的國土面積爲世界第四大、亞洲第一大，屬於陸權國家。中國領土遼闊，人口衆多，由一黨專政，近年經濟成長十分令人矚目。由於擁有綿長的邊界，接壤的鄰國多達十四國。歷史上，中國與越南、俄國、印度等國的邊境紛爭不斷，隨時可能受到從陸路過來的威脅，這點與俄國相同，也是身爲陸權國家無法擺脫的宿命。不過，由於中國東側面海，西南方的西藏自治區有青藏高原，西北方的新疆維吾爾自治區有沙漠，這些都提供了天然屏障。

中國大多數人口屬於漢族，其他還有五十多個少數民族，由於民族非常多元，國內情勢容易不穩定，這也是中國的一項特徵。中國爲加強對內管控，防止種族衝突或內部叛亂，是世界上唯一一個公共安全支出（維穩費用）超過國防預算的國家。

CHINA

中國的邊境問題與民族問題

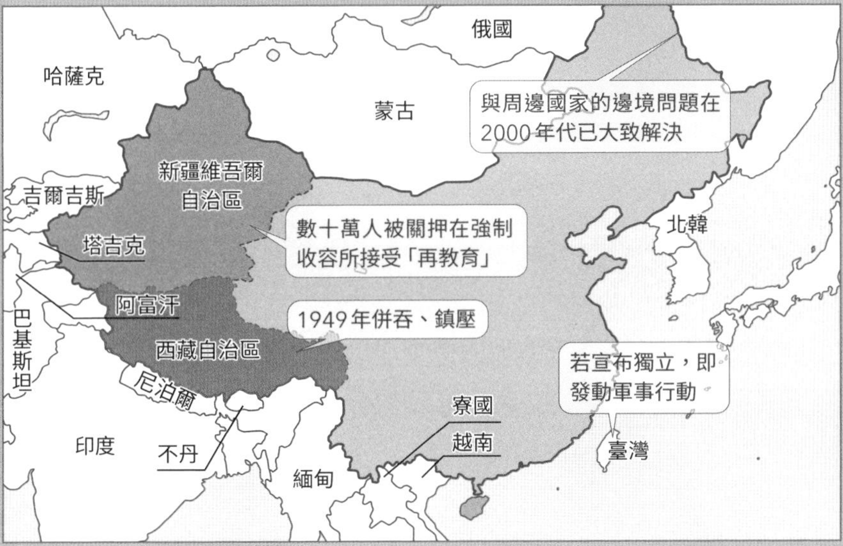
俄國
哈薩克
蒙古
與周邊國家的邊境問題在
2000年代已大致解決
新疆維吾爾
自治區
吉爾吉斯
塔吉克
數十萬人被關押在強制
收容所接受「再教育」
北韓
阿富汗
1949年併吞、鎮壓
巴基斯坦
西藏自治區
若宣布獨立，即
發動軍事行動
尼泊爾
寮國
印度
越南
不丹
臺灣
緬甸

此外，中國土地廣闊的優勢造就它成爲農業大國，向世界各地出口農作物；在其他資源方面，由於擁有豐富的鐵礦、稀土金屬、石油等，也使中國成爲出口衆多工業產品的工業大國。在二十一世紀初期，中國的鋼鐵、機械、化學和紡織等工業產品的產量佔世界第一，也被稱爲「世界工廠」。

劃定邊界之後，開始致力於擴大勢力範圍

中華人民共和國自一九四九年十月成立以來，陸續與緬甸、阿富汗、越南和俄國等國簽訂邊界協議，

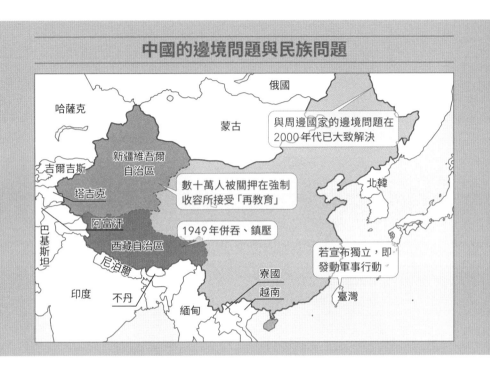

日本列島阻礙中國進出海洋

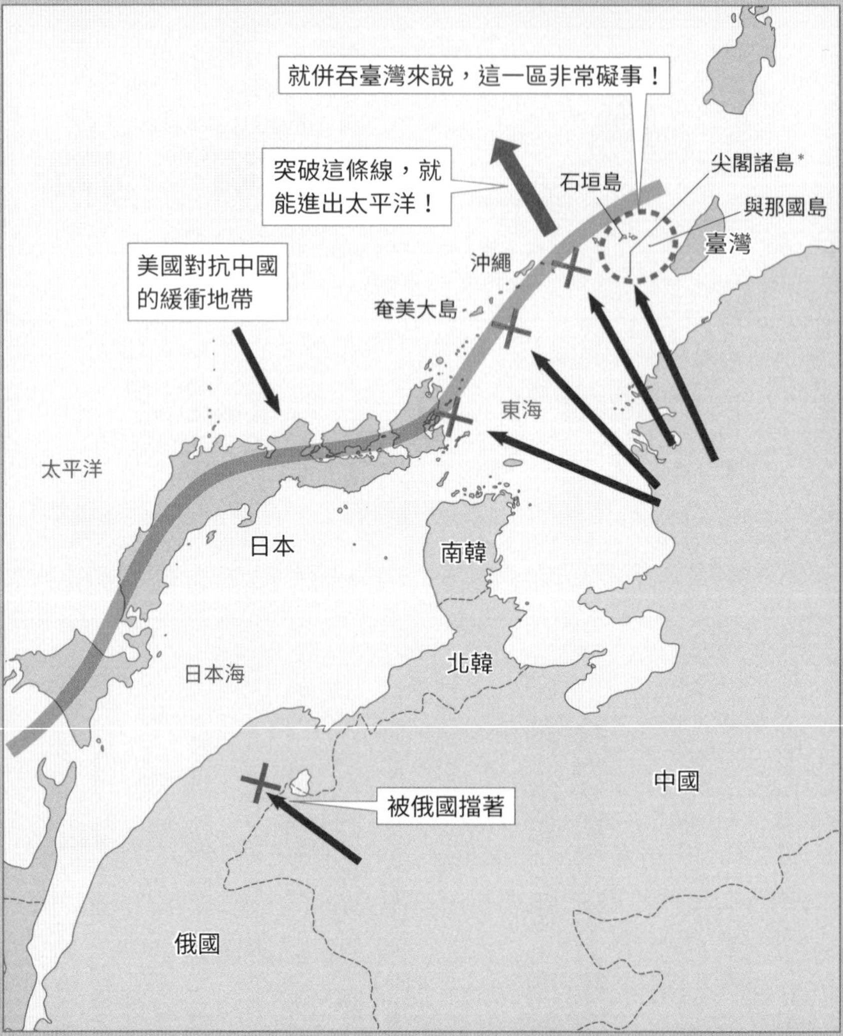

就併吞臺灣來說，這一區非常礙事！
突破這條線，就
能進出太平洋！
美國對抗中國
的緩衝地帶
尖閣諸島*
石垣島
與那國島
臺灣
沖繩
奄美大島
東海
太平洋
日本
南韓
北韓
日本海
中國
被俄國擋著
俄國

*臺灣稱釣魚臺列嶼

進入二〇〇〇年代後，大部分邊界劃定都已完成。有了明確的國界，加上快速的經濟成長，中國挾著強大的軍事及經濟力量，開始投注心力在擴張海洋勢力。

近年來，中國進出南海和東海的動作頻仍，使得這片海域備受關注。對於位在南海南方的南沙群島，臺灣、越南、菲律賓、馬來西亞和汶萊都主張擁有部分或全部的主權；而中國單方面的在南沙海域興建人工島嶼做爲軍事基地，以及派遣巡邏船等方式，加強實質掌控海域。在東海，自二〇〇八年以後，中國政府頻繁派遣海警船侵擾尖閣諸島周邊的海域，挑釁意味十足。

中國的目標是取代美國卸下的「世界警察」龍頭地位，爲此，中國必須獲得海權，但是日本列島阻擋了中國的野心。爲了全面擴張海洋勢力，沖繩周邊對中國而言是絕對必須納入掌控的海域。不過，歷史上從未出現同時擁有陸權和海權的國家，因此多數專家對中國的這項戰略抱持懷疑的態度。

POINT

- ▼中國運用廣闊土地和豐富資源，經濟發展急速成長。
- ▼中國陸上的鄰國眾多，國內佔多數的漢族與少數民族之間的紛爭也很多。
- ▼為能掌握世界霸權，中國非常希望獲得海權。

解說2

中國企圖以「一帶一路」，將經濟圈擴及全歐亞大陸

希望建立陸上與海上絲路，稱霸歐亞大陸

二〇一二年接任中國領導人的習近平，他後來提出的中央政策之一，有「一帶一路」的構想。這乍看之下似乎是一個振興貿易，帶給周邊國家好處的計畫，其實潛藏不少問題。

所謂「一帶」，是指從中國經過中亞，一直到歐洲的陸上物流通道，名為「絲路經濟帶」；「一路」則是指由中國沿岸開始，連結南海、東南亞、阿拉伯半島到地中海的海上航線，稱為「海上絲路」。中國希望藉由發展這兩條路線上的基礎建設，來促進貿易活動。中國自古就有陸上的絲綢之路和海上的通道，陸路和海路各自連結了重要的關口，據說中國東漢時期，就是藉由這些路線，派遣使者出使到敍利亞和地中海一帶。

中國正試圖在陸海雙邊建立現代版的絲路，期望打通陸路和海路，達成同時掌握陸權與海權的心願。中國以雄厚的財力為後盾，於二〇一五年成立亞洲基礎設施投資銀行

CHINA

中國「一帶一路」的構想和債務陷阱

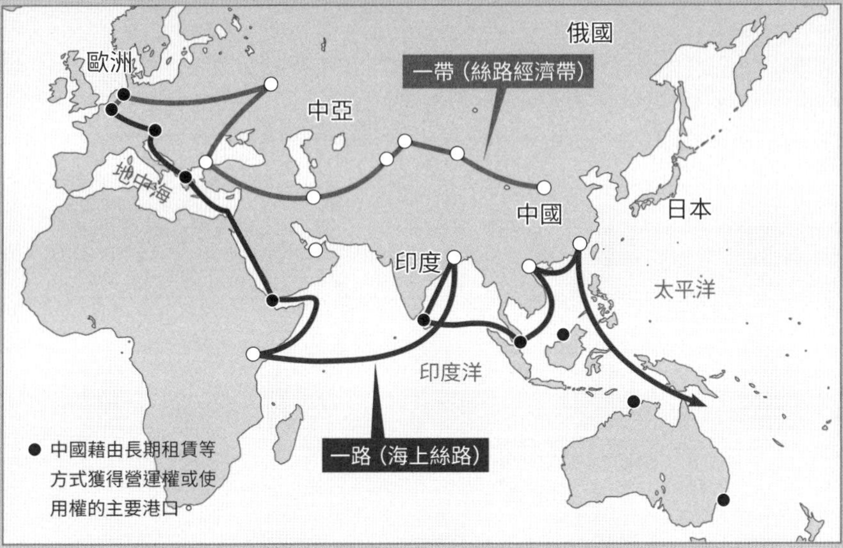
俄國
一帶（絲路經濟帶）
歐洲
中亞
地中海
中國
日本
印度
太平洋
印度洋
一路（海上絲路）
● 中國藉由長期租賃等方式獲得營運權或使用權的主要港口。

（AIIB），積極投資「一帶一路」沿線各國的港口或鐵路網的基礎設施，這些投資看似能帶動相關國家的經濟活動，帶來好處，但與此同時，嚴重的「債務陷阱」問題也漸漸浮現。

設下「債務陷阱」或築水壩打壓周邊各國

所謂債務陷阱，是中國在「一帶一路」沿線各國投資基礎建設，提供對方國家高利息貸款，若對方陷入無法償還債務的窘境時，便與對方簽訂租借該國港口等設施的契約來代替還債。像斯里蘭卡已經簽

中國利用水壩及交通建設，擴大在東南亞的影響力

布拉馬普特拉河
湄公河
中國
已完成與計畫中的水壩
中寮鐵路
（2021年開通）
昆明
印度
孟加拉
緬甸
河內
磨憨
瑯勃拉邦
永珍
中國在寮國和柬埔寨投資建設水壩
清邁
高速鐵路（計畫）
仰光
寮國
泰國
高速鐵路
（由泰國、中國建設中）
呵叻府
曼谷
柬埔寨
越南
金邊
胡志明
既有路線
馬來西亞
哥打巴魯
高速鐵路
（中國參與建設）
巴生港
新加坡
印尼

下了租借漢班托塔港給中國企業的契約，租期長達九十九年；在非洲，以土地做爲投資的抵押品等問題也漸漸浮出水面，目前各國已開始提高警覺。

另外，中國還試圖掐住東南亞各國的「水脈」。流經東南亞地區的湄公河和布拉馬普特拉河（上游卽中國境內的雅魯藏布江）等大河，是東南亞各國的主要水資源，中國在這些河川的上游陸續興建水壩，用於發電和提供飲用水，這對下游國家造成巨大影響。儘管美國出面譴責，但是中國不以爲意。水資源問題攸關國家生死存亡，由於擔心水源短缺，以及對漁業造成影響，泰國、越南、寮國、孟加拉及印度等下游各國已表達強烈反對，可能埋下日後嚴重衝突的導火線。在這種情況下，中國甚至還進一步在東南亞投資鐵路建設，種種行動都顯露中國擴張陸權的野心。

POINT

- 中國希望藉由現代版絲路囊括陸權與海權。
- 中國透過債務陷阱增加中國資本在「一帶一路」的據點。
- 中國的水壩建設可能導致周邊國家水資源嚴重不足。

解說3

臺灣和尖閣諸島是中國獲取海權所需的超重要據點

希望以第一、第二、第三島鏈與美國對抗

一九九二年，意圖擴張海權的中國人民解放軍採用了「島鏈」的概念，藉此擴大中國對鄰近海域的制海權。這項戰略是在海上劃出三條假想線，稱爲「第一島鏈、第二島鏈、第三島鏈」，目標是逐步在島鏈的封閉區域內取得制海權。

第一島鏈據說是爲了防禦美國，範圍涵蓋臺灣、西沙群島、南沙群島和尖閣諸島（*臺灣稱釣魚臺列嶼）。近年中國對這些島嶼全都主張擁有主權，並加以實質控制或進行威嚇等，動作頻仍。中國最初的目標，是將第一島鏈以內視爲「內海」，期望在二〇一〇年以前確保這個範圍內的制海權；第二島鏈被設定爲軍事防衛線，包含小笠原群島、關島、塞班島、巴布亞紐幾內亞等島嶼在內，設定目標在二〇二〇年以前確保範圍內的制海權；然後終極目標是將第三島鏈以內的範圍納入管轄，並在太平洋上與美國競爭，這項戰略當然不可能那麼簡單就實現。

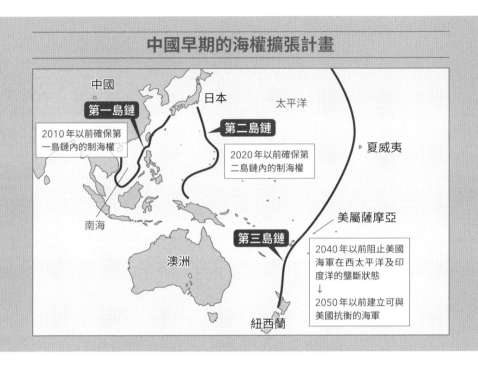

中國早期的海權擴張計畫

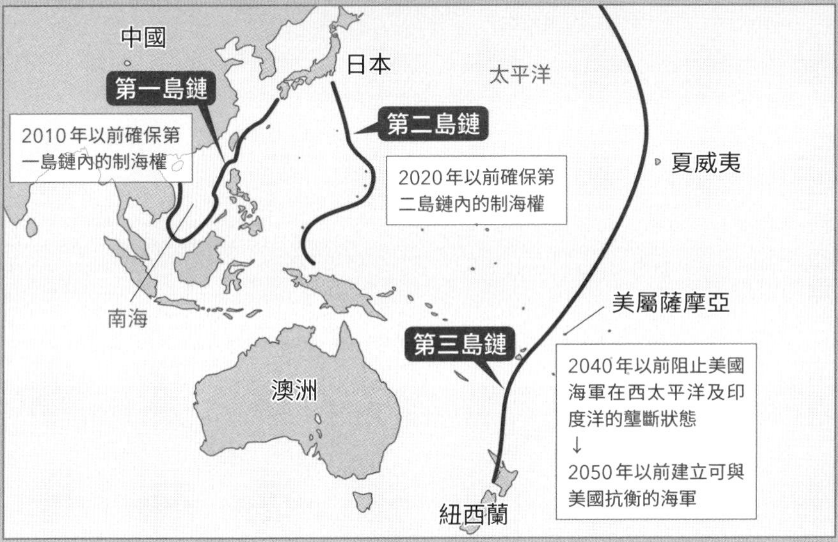
中國
第一島鏈
2010年以前確保第一島鏈內的制海權
日本
太平洋
第二島鏈
2020年以前確保第二島鏈內的制海權
夏威夷
南海
美屬薩摩亞
第三島鏈
2040年以前阻止美國海軍在西太平洋及印度洋的壟斷狀態
↓
2050年以前建立可與美國抗衡的海軍
澳洲
紐西蘭

中國絕不會放棄臺灣

第二次世界大戰後，國民黨政權因國共內戰失敗，棄守中國大陸，撤退到臺灣，但中國並不承認臺灣是國家。中國渴望統一臺灣，是因爲臺灣位在中國的內海，阻擋了中國擴張海權。

尖閣諸島距離臺灣大約只有一七〇公里，形成一道阻擋中國前進太平洋的屏障。爲了能與擁有衆多太平洋基地如關島、夏威夷、沖繩本島等的美國並駕齊驅，中國非常需要臺灣和尖閣諸島這兩個絕佳的戰略據點。當然，中國往後還會持續不懈的伸手過來，施加更大的

遭陸權國家與海權國家夾攻的朝鮮半島

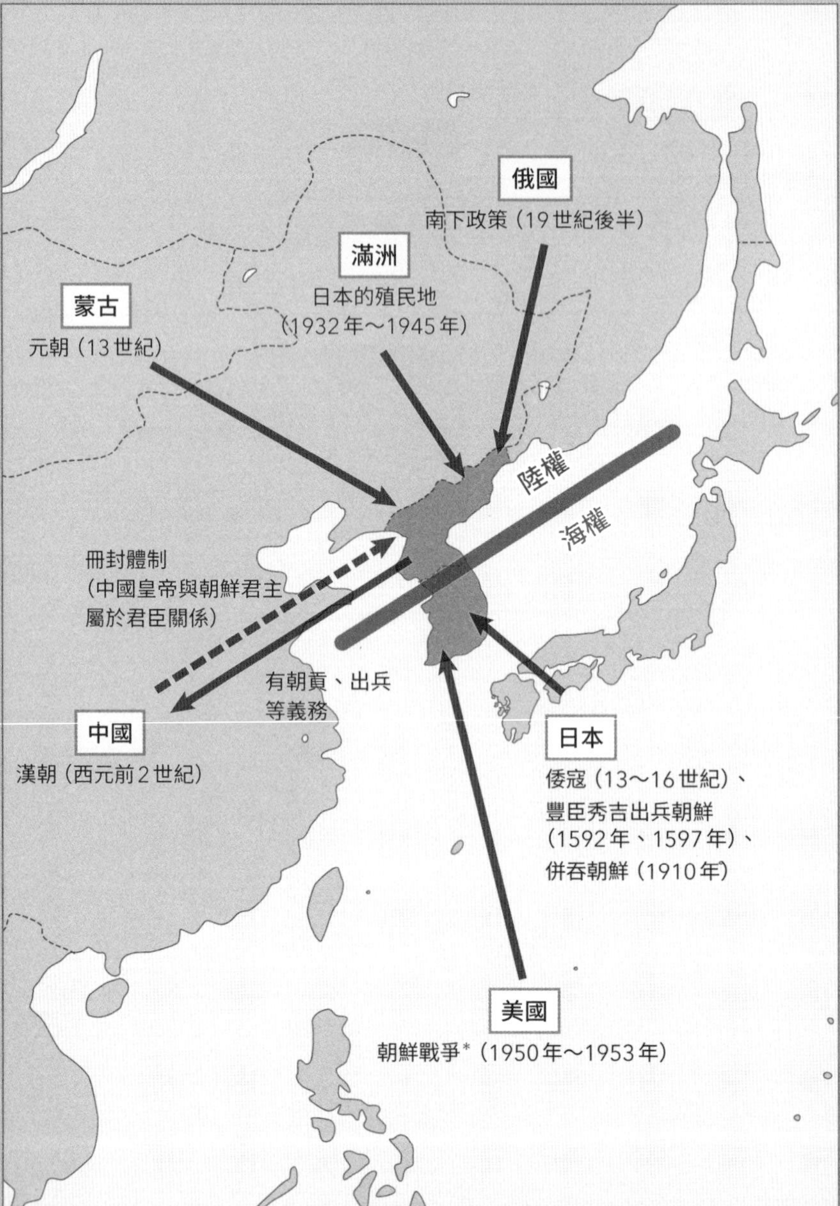
俄國
南下政策（19世紀後半）
滿洲
日本的殖民地
（1932年～1945年）
蒙古
元朝（13世紀）
陸權
海權
冊封體制
（中國皇帝與朝鮮君主
屬於君臣關係）
有朝貢、出兵
等義務
中國
漢朝（西元前2世紀）
日本
倭寇（13～16世紀）、
豐臣秀吉出兵朝鮮
（1592年、1597年）、
併吞朝鮮（1910年）
美國
朝鮮戰爭*（1950年～1953年）

*臺灣稱韓戰

壓力。站在日本、臺灣和美國的立場而言，一旦容許中國進出第一島鏈，中國就會接著往第二島鏈挺進，因此尖閣諸島和臺灣是阻止中國擴張海權的重要堡壘。

北韓是中國與西方陣營的重要緩衝地帶

朝鮮半島屬於邊緣地帶，陸權和海權經常在此發生衝突，在地緣政治上屬於不穩定的區域。由於半島的北部與大陸接壤，兩者之間又缺乏天然屏障，非常容易受到攻擊，因此在歷史上飽受中國、蒙古、俄國的侵略統治之苦。如今北韓與中國有合作關係，因爲中國需要北韓做爲緩衝地帶，來對抗日本、美國，以及屬於西方陣營的南韓等海權國家。儘管北韓擁有核武，又在開發彈道飛彈，中國在表面上表示不樂見，但從未積極參與解決這個問題，因爲這樣反而能有效的對日本和美國施加壓力。

POINT

- 中國希望藉由第一至第三島鏈的軍事戰略擴張領海。
- 要中國放棄位在第一島鏈內的臺灣與尖閣諸島是不可能的。
- 對中國來說，北韓是中國與西方陣營之間的重要緩衝地帶。

解說4

中國與周邊大國俄國、印度的關係及因應戰略

中國對俄國：兩陸權國家之間一再重演衝突與親近的歷史

中國最大威脅之一是陸權大國俄國。由於中俄兩國的邊界綿長，歷史上兩國關係總是反反覆覆，時好時壞。

第二次世界大戰後的冷戰時期，由於中俄兩國同樣都是奉行社會主義的共產國家，所以曾經組成同盟。事實上，當年中國共產黨倚賴俄國做爲後盾，將美國支持的中國國民黨逐出中國大陸，取得中國的統治權。其實這段歷史的背後，也存在著陸權國家與海權國家的對立問題。

在中俄表示友好之後，兩國之間的邊境獲得了安定，中國則在這時候開始擴張領土。自從吞併新疆之後，近年來的鎮壓行動已經造成重大人權問題。另外，二戰後英國勢力撤出西藏，剛成立不久的中華人民共和國就在此時佔領西藏。

CHINA

中國與俄國邊境的歷史糾葛

1689年 **尼布楚條約**：兩國（清朝與俄羅斯帝國）首次締結條約劃定國界，內容對清朝有利。

1727年 **恰克圖條約**：劃定外蒙古邊界。

1856年 **亞羅號戰爭（第二次鴉片戰爭）**：英法聯軍向中國（清朝）開戰，俄國趁機向中國施壓，隨後簽定璦琿條約，獲得黑龍江左岸。

1860年 **北京條約**：清朝與英法之間的講和條約。居中斡旋的俄國獲得烏蘇里江以東沿岸地區，包含不凍港符拉迪沃斯托克在內。

1881年 **伊犁事件（伊犁條約）**：俄國以保障住在中國（清朝）伊犁地區的俄國人安全為由，出兵佔領伊犁。紛爭解決後，依照條約將伊犁歸還中國。

1945年 **俄國（蘇聯）參加第二次世界大戰。入侵滿洲（中國東北地方）。**

1964年 **開始交涉邊境問題。**

1969年 **中俄邊境糾紛**：兩國的邊防部隊在中國東北地方邊境——烏蘇里江中的珍寶島（俄稱達曼斯基島）發生武力衝突，兩國領導人會談後停火。

1989年 **中俄關係正常化。**

1991年 **中俄國界東段協定**：展開對話談判。蘇聯瓦解，改制成俄羅斯聯邦。

1997年 **宣布中俄國界東段**：兩國國界4300公里中的98%劃定完成。

2004年 **中俄國界東段補充協定**：劃定剩餘的國界。

在地緣政治學上，兩國邊境地區原本就容易發生資源爭奪，或種族衝突等各種紛爭，由於利益衝突，相鄰的國家通常容易交惡。中俄過去的良好關係並沒有維持太久。中國與俄國鬧翻以後，爲了對抗已是擁核武國家的俄國，中國也開始發展核子武器。此外，爲了提升經濟實力，中國採取市場開放政策，並加強與美國在經濟上的連結。

中國對印度：希望解決邊境問題，進而支配印度洋

中國與印度也因邊境問題而產生對立。中國併吞西藏後，中印之

中國與印度的關係

喀什米爾問題
巴基斯坦（伊斯蘭國家）聲稱伊斯蘭教徒佔多數的喀什米爾地區是自己的領土。因不滿此地區歸屬於印度（約有8成人口信奉印度教），在1947年～1999年之間四度爆發戰爭，至今當地仍有恐怖活動。
俄國
併吞西藏與中印邊境糾紛
1949年，中國宣稱擁有西藏主權。1950年，中國人民解放軍進駐拉薩。1959年，十四世達賴喇嘛逃亡印度，在印度的達蘭薩拉建立流亡政府。由於中印之間緩衝區消失，兩國於1962年在邊境爆發軍事衝突，兩國關係惡化。1981年，中印關係開始改善，雙方對邊境問題展開談判。
經濟支援
中國
喀什米爾地區
西藏自治區
喜馬拉雅山脈
敵對
敵對
巴基斯坦
不丹
尼泊爾
敵對
印度
孟加拉
軍事合作
越南
中越戰爭
1979年，中國對越軍侵犯邊境問題，以「自衛反擊戰」名義，侵佔越南領土。之後，即使邊界協定仍在談判中，兩國武裝衝突依舊不斷。1990年，兩國交換戰俘。1991年，兩國同意關係正常化（南沙群島領土爭議仍未解決）。

間的緩衝地帶消失，所以容易引發衝突。藏傳佛教領袖，第十四世達賴・喇嘛流亡到印度並建立流亡政府，這樣等於是印度接受中國的反叛分子領導人的狀態，對中國來說簡直如芒刺在背。中印兩國間的邊境問題很難說已經完全解決，二〇二〇年，中國的西藏自治區與印度的拉達克邊界的爭議區段，爆發了嚴重衝突，造成兩國士兵死亡。

另外，印度跟巴基斯坦之間，原本就因爲喀什米爾問題而對立，中國瞄準這一點，提供巴基斯坦經濟支援。相對的，中國跟越南交戰時，印度也提供越南軍事支援，從中印雙方的動作中，印證了什麼是「敵人的敵人就是朋友」。

印度近年隨著人口增加和經濟快速成長，更需要確保能源與資源。爲了穩定進口石油，中國正傾力建構海上運輸，希望串起由印度洋通往中東的「珍珠項鍊」。而印度則祭出串起「鑽石項鍊」的構想，加強與日本、美國、非洲及東南亞各國的合作（見P.152）。

POINT

▼中國對俄國的外交關係時遠時近，相互爭取利益。
▼中國併吞西藏後，與印度的邊境問題浮上檯面。
▼為了確立在印度洋的石油運輸航線，中國正在動搖周邊各國的立場。

多民族的中國為何鎮壓維吾爾族？

從2017年開始，中國加強了對少數民族維吾爾族的鎮壓行動。據報導指出，中國拘押了大約100萬名以上的維吾爾人，監禁在以職業技能教育培訓中心爲名的收容所，維吾爾人因宗教信仰而受到迫害和拷問。中國政府反駁這項指控，拒絕聯合國調查團介入，因此內部實際情況尚未明朗。

新疆地區原本屬於「突厥斯坦」的一部分，有許多伊斯蘭教徒住在這裡。在第二次世界大戰後的1949年，中國入侵現在的新疆維吾爾自治區，將它併吞成爲中國的一部分。中國政府藉由獎勵漢民族移居新疆維吾爾自治區等方式，加強對此地區的中國化。

1991年蘇聯瓦解，受到中亞各國獨立的啟發，維吾爾人的獨立運動也變得更加活躍。當時，中國政府與維吾爾族的分裂主義分子之間發生武力衝突，甚至爆發多起捲入平民的悲慘事件。中國政府曾一度成功鎮壓這些獨立運動，但是到了2000年以後，獨立運動再度愈演愈烈，使中國決心採取大規模鎮壓行動。

中國鎮壓維吾爾族有兩個地緣政治原因。首先，因爲新疆維吾爾自治區與俄國、哈薩克、阿富汗、印度相鄰，中國與這些國家，尤其是擁核武國俄國及印度之間的緩衝地帶，是相當重要的位置。其次，是因爲新疆維吾爾自治區一帶蘊藏了豐富的石油資源。

另外，新疆維吾爾自治區位於中國政府提倡的「一帶一路」路線上，從經濟戰略的角度來說，中國也不可能放手。連接哈薩克等國油田與中國沿海地區的輸送管道，通過了新疆，因此新疆未來將成爲歐亞經濟的中繼站，目前正在進行開發。

中國採取鎮壓行動，還有一個原因是擔心國內其他的少數民族出現連鎖效應，一旦承認維吾爾族獨立，恐怕也會影響到西藏等周邊地區的民族獨立運動。基於以上各種因素，中國正加強對新疆維吾爾自治區的管理統治。

Part 4

歐亞心臟地帶大國的傳統思路

從地緣政治學看俄國

俄國併吞克里米亞、入侵烏克蘭的舉動震驚全世界，
而俄國也有自己的理由。
從地緣政治觀點來看就可理解，
俄國為何希望確保出海航線、
為何希望取得與西方陣營之間的緩衝地帶。

解說1

陸權大國俄國透過南下政策，持續尋求出海口

向南方擴張是俄國的生存本能——期盼出海，獲得海權！

俄國位於歐亞大陸的心臟地帶，擁有廣闊的國土，但許多土地都在不宜居住的酷寒地帶，也正因為氣候極寒，不容易被敵人入侵，所以被稱為堅不可摧的地帶。屬於陸權強國的俄國，每逢冬天就面臨海洋凍結、港口冰封而無法使用海路的困境，因此俄國長期以來的戰略一直是前進南方尋求不結冰海域。

從地緣政治學的角度思考，俄國要進出不凍港有幾條路線可以達成：第一條是經由西伯利亞－符拉迪沃斯托克，進入日本海；第二條是南下往印度－阿富汗，進入印度洋；第三條是穿越歐洲，進入大西洋；其他則是藉由波羅的海、黑海進入大西洋。大約在十九世紀以後，俄國以獲得海權為目標，積極的探索這些路線。

RUSSIA

俄國出海的路線5+1

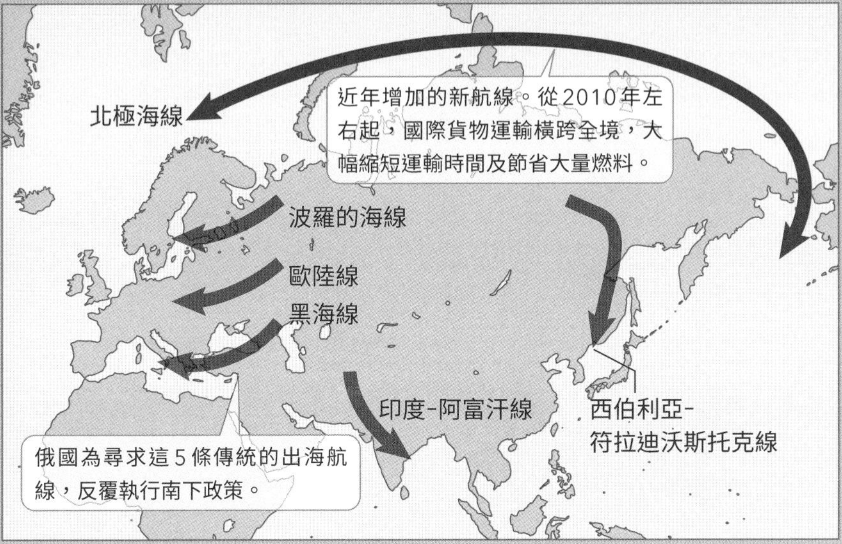
近年增加的新航線。從2010年左右起，國際貨物運輸橫跨全境，大幅縮短運輸時間及節省大量燃料。
北極海線
波羅的海線
歐陸線
黑海線
印度-阿富汗線
西伯利亞-符拉迪沃斯托克線
俄國為尋求這5條傳統的出海航線，反覆執行南下政策。

海權國家日英結盟，阻擋俄國的海洋發展

當俄國進出海洋的行動悄悄來到東亞，對日本也產生重大的影響。

俄國根據一八六〇年簽訂的《北京條約》，獲得清朝的沿海地區，興建了不凍港符拉迪沃斯托克。當時日本爲了獲取陸權，在日清戰爭（＊臺灣稱甲午戰爭）勝利後，取得遼東半島的租借權，以及東清鐵路的常春至大連支線的租借權，還有朝鮮半島的監督權等等。假如當時氣勢正盛的俄國向南挺進到朝鮮半島，日本擔心自己也可能受到侵略。

同樣的，英國擔心俄國南下會

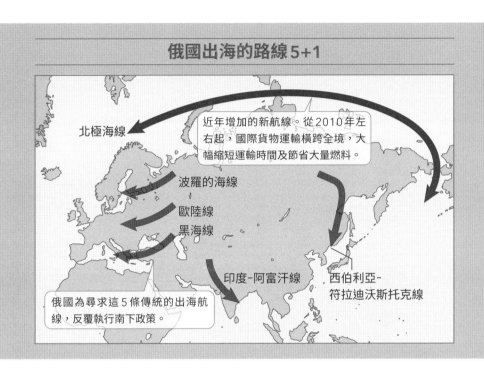

南下的俄國與日本發生激烈衝突（日俄戰爭）

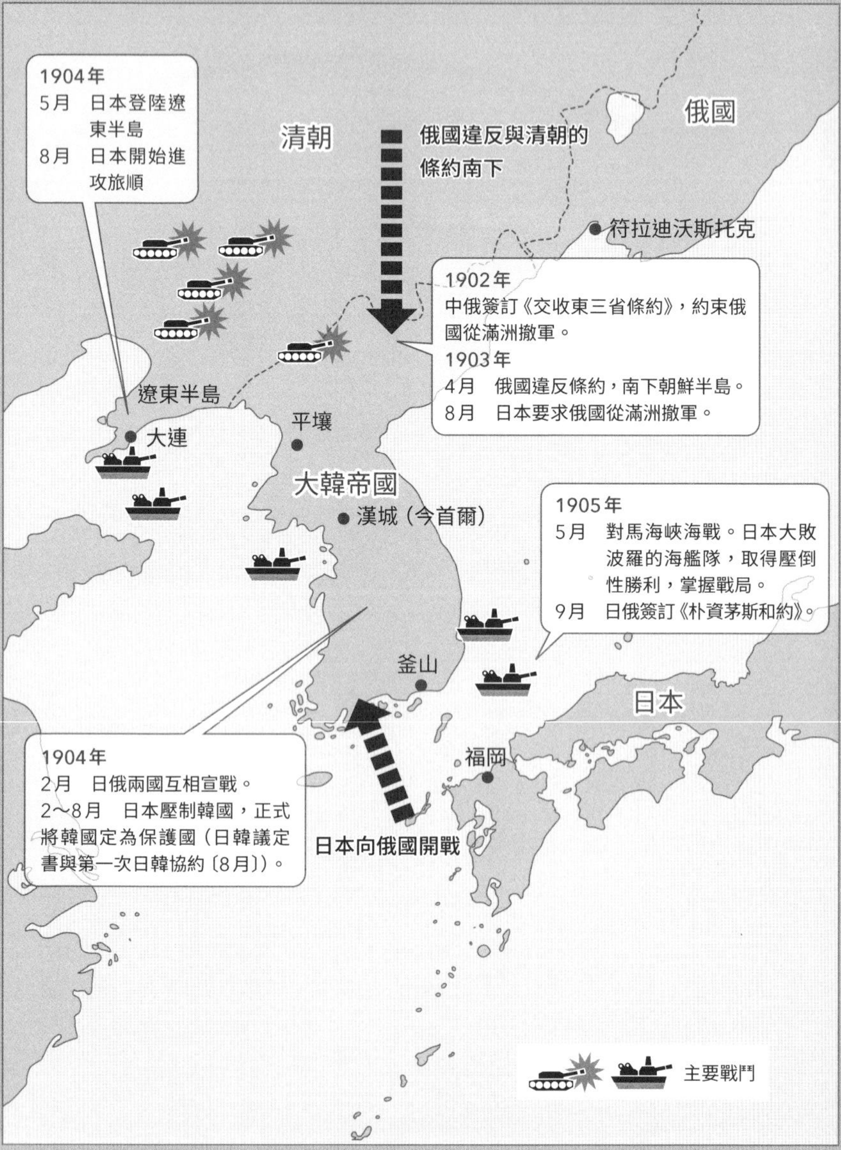
1904年
5月　日本登陸遼東半島
8月　日本開始進攻旅順
清朝
俄國違反與清朝的條約南下
俄國
符拉迪沃斯托克
1902年
中俄簽訂《交收東三省條約》，約束俄國從滿洲撤軍。
1903年
4月　俄國違反條約，南下朝鮮半島。
8月　日本要求俄國從滿洲撤軍。
遼東半島
大連
平壤
大韓帝國
漢城（今首爾）
1905年
5月　對馬海峽海戰。日本大敗波羅的海艦隊，取得壓倒性勝利，掌握戰局。
9月　日俄簽訂《朴資茅斯和約》。
釜山
日本
福岡
1904年
2月　日俄兩國互相宣戰。
2～8月　日本壓制韓國，正式將韓國定為保護國（日韓議定書與第一次日韓協約〔8月〕）。
日本向俄國開戰
主要戰鬥

奪走自己在清朝的利益，於是與日本締結軍事同盟來牽制俄國。

俄國被日英的海權打敗

分出日俄戰爭勝負的，是日本海軍聯合艦隊與俄國波羅的海艦隊在對馬海峽的海戰。

日本獲勝的原因之一，是它戳中了俄國海權的弱點。由於冰封的北極海無法航行，俄國在對馬海峽海戰中，唯一可運用的海路是繞過好望角、經由印度洋抵達日本海。當時這條海路被掌握在海權強國英國的手中，因此，波羅的海艦隊在燃料與糧食不足、無法充分整備的情況下，航行了一大圈才抵達日本海，可想而知，士兵們已經疲憊不堪，士氣低落。當時聯合艦隊的司令官是東鄉平八郎，作戰參謀爲秋山眞之，秋山是曾向馬漢學習地緣政治學的代表性人物。這場海戰發生在五月，可知北極海無法利用。日本就這樣阻止了俄國海權的萌芽，在這場國家生存競爭中倖存下來。

POINT

- ▼俄國非常迫切想要獲得海權。
- ▼長久以來，俄國的戰略是前進南方獲得不凍港。
- ▼俄國沒能在日俄戰爭中打敗海權國家日本與英國。

解說2

俄國有五條傳統航線，對國家有利的地緣政治學戰略是什麼？

RUSSIA

從俄羅斯帝國到蘇維埃聯邦，實施南下政策擴大領土

執行南下政策的俄國，與阻擋俄國南下的西方各國，經常在邊緣地帶發生紛爭。如同解說1提到的，俄國通往出海口的傳統航線共有五條，其中波羅的海與黑海這兩條路線是十七世紀後期，俄羅斯帝國的彼得大帝所確立。

從十九世紀之後，每當俄國南下，都會在邊緣地帶被世界海權霸主英國阻擋，南下行動幾乎完全被封鎖。一九二二年，俄國內戰結束，世界上第一個社會主義國家誕生：蘇維埃社會主義共和國聯邦（蘇聯），它也延續了南下政策。二次大戰後，美國取代了英國阻擋蘇聯南下，雙方持續在邊緣地帶進行攻防戰。最後，企圖阻止社會主義國家擴張的西方勢力，以美國與英國爲核心，共十二個國家組成北大西洋公約組織（ＮＡＴＯ）。

爲了與北約組織抗衡，蘇聯與東德、匈牙利及保加利亞等共八個國家組成華沙公約

北大西洋公約組織（NATO）與華沙公約組織

華沙公約組織（1955～1991年）

- 蘇聯
- 阿爾巴尼亞（1968年退出）
- 保加利亞
- 匈牙利
- 東德（1990年退出）
- 波蘭
- 羅馬尼亞
- 捷克斯洛伐克

⬇

蘇聯與東歐各國的共產主義政權崩潰、解體。（1991年7月）

北大西洋公約組織（NATO）（1949年～）（共30國）

原加盟國		
・比利時	・義大利	・葡萄牙
・丹麥	・盧森堡	・英國
・法國	・荷蘭	・美國
・冰島	・挪威	・加拿大

＋

・希臘	・捷克	・拉脫維亞
・土耳其	・匈牙利	・立陶宛
・西德（今德國）1955年加盟，此為促使華沙公約組織成立的契機。	・波蘭	・羅馬尼亞
	・愛沙尼亞	・阿爾巴尼亞
	・斯洛伐克	・克羅埃西亞
	・斯洛維尼亞	・蒙特內哥羅
・西班牙	・保加利亞	・北馬其頓

組織。歷史走到這裡，資本主義國家和社會主義國家各自籌組軍事同盟，進入兩極對立的冷戰時期。

一九七八年，阿富汗的反社會主義運動愈演愈烈，蘇聯動用軍事力量介入阿富汗，雙方戰事持續十年之久。這場曠日持久的戰事導致蘇聯破產，最終在一九九一年崩潰解體，與此同時，經由阿富汗通往印度洋的出海航線也隨之中斷。

俄國希望設置地緣政治上的緩衝地帶

俄國西部多平原，缺乏天然屏障，歷史上曾經遭受拿破崙軍隊和

俄國希望獲得與西方國家之間的緩衝地帶

親俄國家
中立國
傾西方國家
舊蘇聯的衛星國家
昔日俄國與西方陣營之間的緩衝國家，今日多成為北約組織的一員！
俄國的飛地（加里寧格勒州）
與北約加盟國的邊界
拉脫維亞
愛沙尼亞
立陶宛
俄國
白俄羅斯
波蘭
摩爾多瓦
捷克
烏克蘭
斯洛伐克
匈牙利
克里米亞半島
羅馬尼亞
喬治亞
亞塞拜然
阿爾巴尼亞
亞美尼亞
保加利亞
哈薩克
烏茲別克
土庫曼
吉爾吉斯
塔吉克
中國
為了蘊藏量豐富的原油和鈾礦等地下資源，中國打算往哈薩克擴張勢力。
克里米亞半島在1991年蘇聯瓦解後，成為烏克蘭的領土。1996年，克里米亞自治共和國成立，成為烏克蘭境內的一個自治國家。塞凡堡軍港在烏克蘭政府的管轄下，租借給俄國做為黑海艦隊的基地。2014年，俄國併吞克里米亞。
納卡（納戈爾諾-卡拉巴赫）這個山岳地帶，在蘇聯時期歸屬於亞塞拜然，1988年納卡發起加入亞美尼亞的運動，之後發展成亞塞拜然與亞美尼亞的對立衝突。後來亞塞拜然失去納卡的控制權，在1994年同意停戰。雖然在美國、法國和俄國的斡旋下雙方進行對話，但有時仍爆發大規模軍事衝突。2020年9月的軍事衝突在俄國調解下停戰，但此地區的法律地位仍未確定，2022年3月再度爆發衝突。
2010年6月，吉爾吉思和烏茲別克的種族衝突演變成大規模暴力衝突，俄國派遣空降部隊，保護它位於吉爾吉斯首都比斯凱克的空軍基地。
俄國希望盡可能維持緩衝地帶國家的情勢穩定

納粹德國軍隊入侵，儘管兩次的入侵者最後都被極寒的「冬將軍」擊退，但俄國仍舊籠罩在被西方國家入侵的恐懼之中。

冷戰時期俄國有了軍事同盟，東歐各國可充當緩衝地帶，西方各國直接入侵的可能性很小，但是隨著蘇聯解體，分裂成俄國和其他十四個國家之後，華沙公約組織也解散了。很快的，東歐的社會主義國家，以及原本受蘇聯支配的共和國也相繼加入歐盟或北約組織。

蘇聯瓦解後，位於歐洲半島（見P.128）基部的國家各自獨立，有愛沙尼亞、拉脫維亞、立陶宛、白俄羅斯和烏克蘭，其中被稱爲波羅的海三小國的愛沙尼亞、拉脫維亞和立陶宛，加入北約組織，白俄羅斯則偏向俄國勢力，烏克蘭也希望加入北約組織。假如烏克蘭眞的加盟北約，那麼俄國與西方陣營接壤的部分就會增加。

從地緣政治學的角度來看，俄國對於北約組織往東方擴張而表現得敏感緊張，其實並不是什麼新鮮事。

POINT

▼俄國進入海洋有五條傳統路線。

▼俄國的南下政策在十九世紀後遭英國阻擋，在冷戰後則受到美國阻撓。

▼俄國的西部缺少天然屏障，非常希望設置緩衝地帶。

解說3

寧與世界爲敵也不退讓——併吞克里米亞和入侵烏克蘭的意圖

俄國爲取得戰略位置入侵鄰國

考量烏克蘭的地緣政治局勢，我們就能看出藏在俄國入侵暴行背後的野心。黑海航線對俄國來說，是進入大西洋的寶貴航線，烏克蘭南接黑海，擁有克里米亞半島西南部的不凍港塞凡堡港，過去在克里米亞戰爭及第二次世界大戰期間，塞凡堡港曾是俄國想要奪取的目標。

回顧烏克蘭的歷史，便可發現烏克蘭因爲缺乏天然屏障，國界經常在變動。蒙古帝國時期以後，烏克蘭一度成爲波蘭領土；在俄羅斯帝國時期，被劃爲俄國領土，直到蘇聯解體前，都屬於蘇維埃聯邦的一部分；蘇聯瓦解以後，烏克蘭成爲獨立國家。不過，在烏克蘭東部包含克里米亞在內，住了許多俄裔居民，西部也有天主教徒，國內混居了親俄派人士與親歐派人士。二〇一四年，烏克蘭政權從親俄派轉變到親歐派手中，並開

RUSSIA

俄國併吞克里米亞的經過

1991年底，蘇聯瓦解，俄國與烏克蘭因克里米亞的歸屬問題發生爭執。
➡ 克里米亞歸屬烏克蘭。俄國付費使用塞凡堡軍港，以維持黑海艦隊。
➡ 90年代末期，烏克蘭俄裔居民的分離·獨立運動浪潮逐漸消退。
➡ 烏克蘭總統大選由親俄派獲勝。
➡ 2014年2月烏克蘭親歐派（反政府團體）發生叛亂，與治安部隊發生衝突，總統逃離首都基輔，政權交替為親歐派。
➡ 判亂中出現可視為俄國正規軍的「自衛部隊」，接管克里米亞自治共和國的公路、機場和行政設施等。
➡ 俄國的普丁總統以保護克里米亞的俄裔居民為由，合理化派兵行動。
➡ 親俄派勢力控制了克里米亞自治共和國，宣布獨立並舉行公投，官方發表獲得逾97%的贊成票。
➡ 俄國承認克里米亞獨立。克里米亞行政部門與議會代表之間簽訂併入俄國的條約（3月）。

歐美和日本認為公投無效，併吞克里米亞之舉侵害到烏克蘭的主權與領土。

始推動烏克蘭加入歐盟和北約組織，引發親俄派佔多數的克里米亞居民抗議，與親歐派發生衝突；於是俄國以鎮壓動亂爲由，派兵進入克里米亞半島，並針對克里米亞獨立問題舉辦全民公投，結果，克里米亞以97%的超高支持率獲得獨立，並立即併入俄國。對俄國來說，併吞克里米亞等於守住了黑海航線，具有戰略上的意義。

再來，就俄國的想法而言，受俄國支配的烏克蘭，可做爲與北約組織勢力之間的緩衝地帶。二〇二二年二月，俄國入侵烏克蘭，俄國遭到世界批判，並受到嚴重的經濟制裁，儘管如此，俄國依然不願意罷手，並要求烏克蘭不要加入北約組織，態度非常強硬。俄國利用了北約不能介入軍事這一點，普丁總統甚至暗示將不惜使用核武，企圖壓制美國和北約組織的勢力，假如讓這種事情發生，將來擁核武國家以核武恐嚇壓迫他國的荒唐事情就會大行其道。

主要出海途徑只有波羅的海線、西伯利亞-符拉迪沃斯托克線

在五條南行路線中，印度-阿富汗線因爲阿富汗地區的紛爭而無法使用；歐陸線因爲北約組織掌控而無法使用；黑海線則是區域情勢至今仍不穩定；只有波羅的海線，含有俄國境內的聖彼得堡港，是目前主要的海上航線。

至於西伯利亞-符拉迪沃斯托克線，雖然含有港口，也稱得上主要航線，但這條航線存在俄國與日本北方領土間的爭議問題，因此不能說完全掌握住。

POINT

- ▼俄國為了保住黑海航線，出兵併吞克里米亞。
- ▼俄國希望烏克蘭加入俄國陣營，成為俄國與北約組織之間的緩衝地帶。
- ▼俄國能使用的主要出海航線目前只剩兩條。

俄國和烏克蘭有共同的文化根源，對不對？
對，就是基輔羅斯。
所以在俄國民眾的印象中，烏克蘭就好比日本的奈良或京都呢！
哦～
這是俄國不同意烏克蘭加入北約的原因嗎？
可能他們認為雙方的「文化、宗教明明都一樣」的緣故吧？
相對的，烏克蘭人很以他們的老祖宗為傲。
「我們距離歐洲更近，我們比較精緻，不要把我們跟俄國人相提並論」的意思嗎？
是啊。
看來，雙方情感上的誤會也是引起紛爭的原因之一呢。

解說4

開闢北極海航線後，俄國能否變身為海權國家？

效益極高的北極海航線

至今為止的地緣政治學概念中，冰封的北極海無法開闢航線。然而，隨著地球暖化，北極海的海冰逐漸融化減少，世界各國對於北極海航線的開發抱持很高的期待。

北極海是被歐亞大陸和美洲大陸包圍的內海。穿越北極海的航線包括：從歐洲沿著俄國海岸到達白令海峽的「東北航線」，以及沿著北美大陸一側到達白令海峽的「西北航線」。假如船隻能直接通過北極海，那麼就能以最短路徑從歐洲抵達亞洲。例如：日本與歐洲之間的北極海航線，距離大約是1.4萬公里，航行大約需要三十五天；如果是利用傳統的蘇伊士運河航線，全長約2.1萬公里，航行需耗費五十天。由此可知，利用北極海航線能大幅縮減航行距離和時間，節省運輸成本。

此外，與情勢不穩定的中東蘇伊士運河航線相比，北極海航線的優勢是，它唯一的

RUSSIA

各國對北極海航線的關注點

日本

日本在外務省（外交部）下設置專案小組，積極參與開發，已於2011年進行商業航行。假如俄國能達成藉由北極海航線進出海洋的目標，那麼日本的北方領土問題是否會有新的進展？

中國

對於利用海路運輸資源相當關心，不過又擔心北極海航線與「一帶一路」計畫對於歐亞大陸經濟的影響力互相競爭。認為中國應該提高在北極圈的影響力，因此對屬於丹麥自治領土卻未加入歐盟的格陵蘭，積極提供基礎建設方面的經濟支援。

俄國

最積極關心的國家莫過於俄國。將北極海定位為經濟發展上最重要的戰略區域，並設置北極海航線管理局來管理航線。對於海洋資源可能引發的紛爭，加強軍事部署來因應。2021年，在海冰仍厚的2月，油輪成功出航。

美國

身為阿拉斯加領土擁有者，一方面關注發展經濟的機會，一方面對中國進出北極海的活動保持警戒，並強化與冰島的軍事及經濟關係。鑑於航行和海洋資源可能引發新衝突，也密切注意調整太平洋的軍事平衡。

咽喉點只有白令海峽，所以遭遇海盜的風險較低，而且只需要在俄羅斯獲得航行許可。但是在提供船隻補給以及維修的基地和相關管理方面，還有不少問題等待解決。

俄國長久以來一直在尋求擴張海權，自然迫切想要得到北極海的控制權。從俄國已經增強沿海地區的軍備力量這點，可看出俄國正積極謀求成爲海權國家。

一旦北極海航線開通，北海道將成爲日本面對北極海的門戶。日本政府爲了振興經濟，已開始與北海道政府及相關研究機構等合作，慎重評估開發北極海航線的可能性。

日本與歐洲之間的2條航線

引起擔憂的課題

- 海冰預報的準確度不穩定，不易判定安全性與風險。
- 在航行安全性方面，缺乏充分的參考紀錄。
- 在廢氣、廢水、水下噪音等對生態系統的影響層面上缺乏對策。
- 某些航線上島嶼散布，船隻會經過島嶼間的淺水海峽，對貨輪的吃水限制造成問題。
- 檢驗或認證費用、破冰船的護航費用皆由俄國單方面設定，價格不透明。
- 對海上事故的準備和預防措施不足。
- 因實際可參考的紀錄少，所以難以設定船舶的保險規範。
- 航程途中沒有貨物需求大的停靠港，商機較少。

等等

有些問題須因應國際情勢的變化，有些問題則須開始著手處理！

北極海航線（約1.4萬公里）
距離縮短約6成！
（交貨時間縮短約2週）
鹿特丹（荷蘭）
北極海
傳統路線
（約2.1萬公里）
白令海峽
荷姆茲海峽
（恐怖攻擊頻繁）
索馬利亞外海．亞丁灣
（海盜常出沒）
橫濱
麻六甲海峽
（海盜常出沒、貨船擱淺事故頻傳）
咽喉點也有很多風險！

世界的能源供給途徑可能大改寫

最積極致力於開發北極海航線的國家當然是俄國，但原因不僅是為了獲取航線而已，怎麼說呢？因爲北極海周邊蘊藏了極爲豐富的天然資源，其中原油的蘊藏量約佔全世界的13%，天然氣約佔全世界的30%，假如能夠正式開採運用，可能將撼動中東目前在全世界的能源地位。

俄國已經在北極海沿岸的亞馬爾半島進行天然氣開發和生產。實行「一帶一路」戰略的中國正在接近這裡；加拿大、美國和法國也開始啟動相關的開發計畫。

俄國和中國這兩個陸權大國已聯手合作，準備獲取北極海的海權，形成了牽制美國及鄰近北極圈的北約組織國家的態勢。

POINT

- ▼北極海航線是歐洲和亞洲之間最短的海上航線。
- ▼北極海蘊藏極豐富的天然資源。
- ▼各國對北極海航線及資源的爭奪戰已正式展開。

俄烏戰爭的結果將為國際情勢帶來什麼影響？

2022年2月，俄國對烏克蘭發動攻擊，目的是希望「烏克蘭中立」，意味著要求烏克蘭放棄加盟北約組織，並且允許俄國軍隊進駐烏國境內，做爲不會對俄國構成威脅的證明。

坊間盛傳普丁總統在下決策時已罹患精神疾病或其他重症的謠言，但回顧俄國的歷史即可發現，發動這場戰爭的理由絕非單純的暴行，也不是一時興起。俄國應是爲了實現國家政策，寧願與世界爲敵也要強行動武，這其實是從史達林時代以來的傳統。從前的第一次和第二次車臣戰爭中，也出現這種殘酷的作戰方式，造成人民死傷慘重、都市被破壞殆盡。

俄國對國內媒體有所限制，對於烏克蘭的攻擊並非以「戰爭」之名，而是以「特別軍事行動」爲宣傳口號。根據2022年4月時俄國的獨立民調機構「列瓦達中心」的民調顯示，對於「特別軍事行動」回答支持的俄國民衆達74%，而對普丁總統的支持率達82%。

這場戰爭過後的國際情勢發展，有三點值得關注：

第一，隨著近來美中關係發展及美國的影響力弱化，可能導致世界霸權改變，世界秩序也會發生變化。許多人認爲現在美中之間已進入新冷戰時代，俄烏戰爭對於這個趨勢應造成了不小的影響。

第二，擁核武國家未來的倫理觀可能會崩潰。普丁總統威脅要在歐洲地區動用核武，來阻止西方國家的軍事干預。假如這種恐嚇方式有效，將來其他擁核武國家說不定也會用同樣方式來威嚇別國。

第三，日俄關係產生變化。日本是七大工業國組織G7的會員國之一，因此已對俄國做出經濟制裁。儘管與直接提供武器相比，這算是間接支持烏克蘭，但俄國已針對日本，宣布無限期禁止包含岸田首相等七位內閣成員在內的六十三位日本人入境俄國。

俄烏戰爭對於日本的北方領土問題，以及日俄經濟合作關係已經造成影響，這是無庸置疑的。

Part 5

海權與陸權各自的利害考量

從地緣政治學
看英國和歐洲

海權國家英國以及以陸權國家為中心的歐洲，
根據各自的利害關係，選擇了生存策略。
除了英國，本篇還要一起談談德國、法國，
以及在地緣政治學上非常重要的波蘭和土耳其。

解說1

英國希望立於與歐洲大陸一海之隔的位置掌控權力

利用島國特有的優勢掌控世界海洋

英國與日本一樣都是四面環海的島國。由於具有威脅性的歐洲大陸在多佛海峽對岸，所以歷史上英國本土幾乎從未經歷過侵略攻擊。

當其他歐洲國家捲入大陸上發生的大規模衝突，在軍事上花費金錢和調度兵力而精疲力竭時，英國則能將本國的犧牲控制在最小限度，趁此培養海軍戰力，一步一步在世界各地的重要據點建立殖民地。

英國對於歐洲大陸的局勢發展始終隔岸旁觀，一旦出現了可能打破權力平衡的強國，英國就與周邊國家聯手打壓，來維持大陸內部局勢平衡。這種「離岸制衡」策略，是英國傳統對外的戰略。英國憑藉這項戰略，從十七世紀開始，控制了全世界將近四分之一的領土，成爲「大英帝國」。

歷史上曾受英國統治的國家或地區

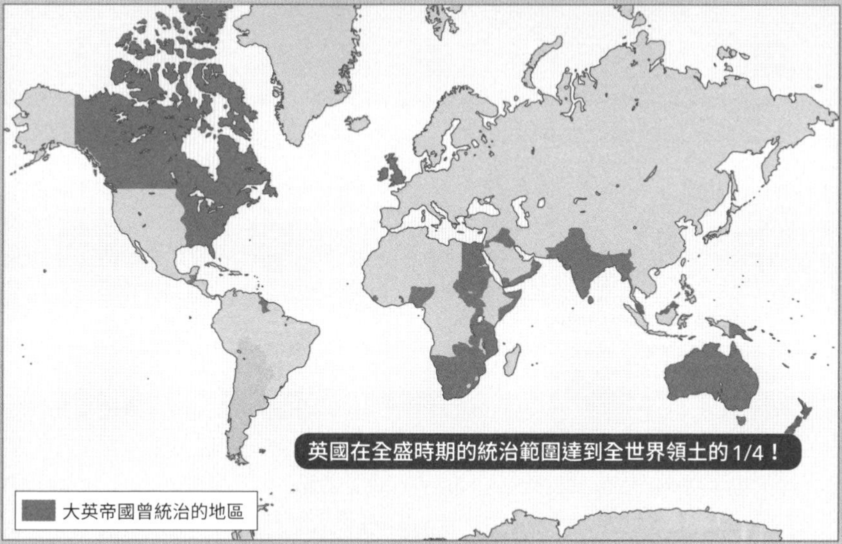
英國在全盛時期的統治範圍達到全世界領土的1/4！
大英帝國曾統治的地區

海權國家聯手組成日英同盟

在歐洲大陸沿岸的主要航線上，海權國家英國曾開拓了許多殖民地，當陸權國家俄國開通西伯利亞鐵路後，英國很擔心俄國會南下入侵自己的殖民地，便將目光投向同樣警戒俄國，憂心俄國將勢力擴張到東亞的日本。於是在一九〇二年一月，英國和日本組成同盟，共同抑制俄國。英國過去不與歐洲其他各國結盟，堅持一貫的「光榮孤立」姿態，在這次產生轉變；對日本而言，這是外交上第一次與他國締結軍事同盟。英國藉由與日本聯盟，成功遏阻俄國的南下行動。

英國的離岸制衡戰略

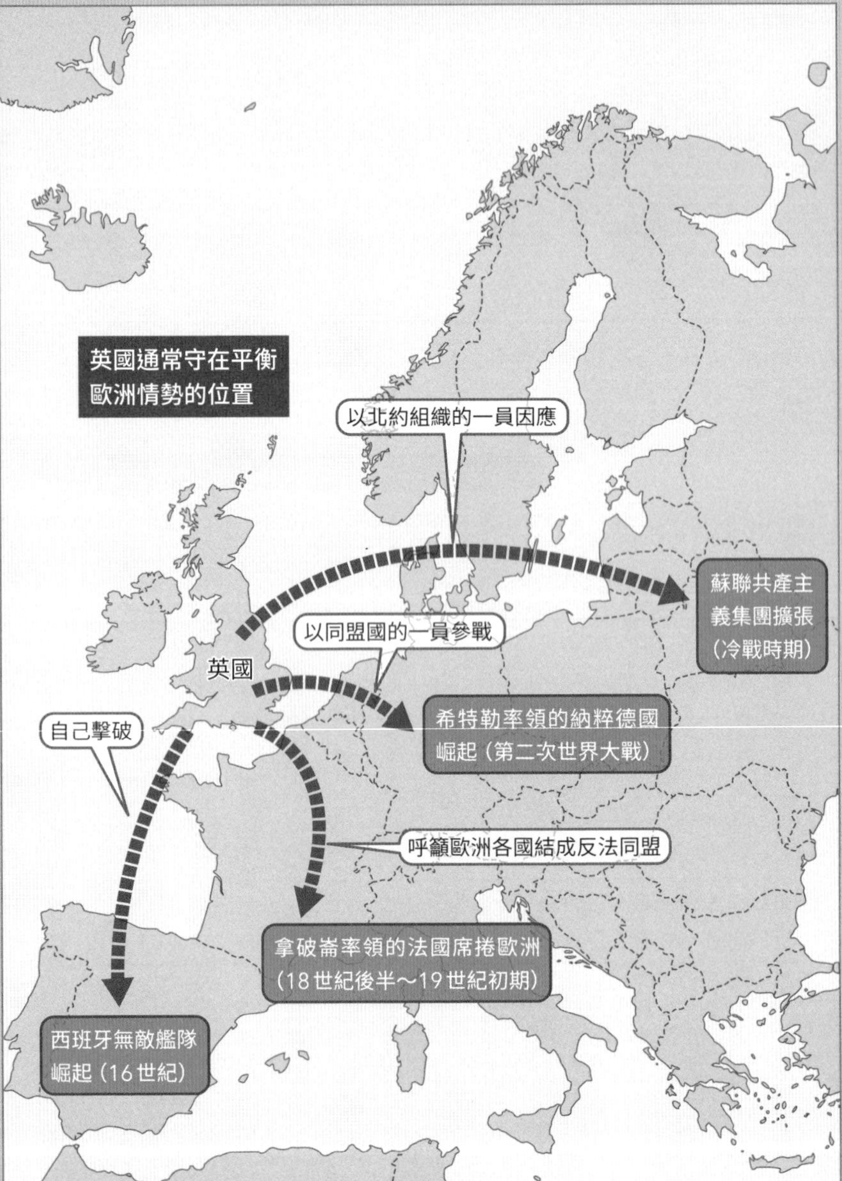

英國通常守在平衡
歐洲情勢的位置
以北約組織的一員因應
蘇聯共產主
義集團擴張
(冷戰時期)
以同盟國的一員參戰
英國
希特勒率領的納粹德國
崛起(第二次世界大戰)
自己擊破
呼籲歐洲各國結成反法同盟
拿破崙率領的法國席捲歐洲
(18世紀後半～19世紀初期)
西班牙無敵艦隊
崛起(16世紀)

英國脫歐後回歸傳統的外交立場

英國在二〇一六年六月舉行的公投中，獲得52％的國民支持脫離歐盟，二〇二〇年一月，英國正式脫歐。一旦了解英國向來都跟其他歐洲國家保持一定距離的外交歷史，就不會覺得脫歐是一個突然的決定。二戰後重視與美國之間關係的英國，在一九六七年曾經被法國拒絕加入歐洲共同體（EC），後來雖然加入成爲會員國，但是在一九九三年歐盟（EU）成立時，英國也維持使用英鎊，沒有引入歐元做爲統一貨幣。對於不需護照就能在歐洲各國間自由移動的《申根公約》，英國也選擇不加入，堅守自己的立場。畢竟對英國而言，冷戰時期爲了與蘇聯勢力對抗，在經濟上還需要跟西歐各國合作；但冷戰結束後，歐盟的主導權轉到了統一東西德、經濟實力升高的德國，便找不出加入陸權國家聯盟有什麼好處了。

POINT

- ▼英國的外交原則是：權力平衡×海權。
- ▼日英同盟是為了對抗俄國勢力的權力平衡戰略。
- ▼英國脫離歐盟，只是回歸傳統外交立場。

解說2

歐洲是巨大的半島，歐盟連結陸權求共生之道

歐洲以陸權聯合國家之姿，面對全世界

麥金德將歐亞大陸和非洲大陸視爲一座巨大的島，稱爲「世界島」，在世界島中，歐洲被視爲三面臨海的「半島」。從地緣政治學來看，半島一旦遭遇來自大陸的攻擊，就無路可逃；即使渡海逃離，能否安全也得視與對岸勢力的關係而定。由於歐洲在陸上有來自俄國的威脅，因此歐洲各國有必要組成聯盟團結起來。在一戰、二戰期間，歐洲半島都曾經淪爲戰場，造成各國滿目瘡痍，一貧如洗。爲了與戰後的美國及蘇聯這兩大勢力對抗，一九四六年，當時的英國首相邱吉爾提出「歐洲合衆國」的構想，呼籲小國雲集的歐洲半島應聯合起來成爲陸權大國，共同守護歐洲的經濟圈。一九六七年，由六個原始成員國組成的歐洲共同體（EC）成立，之後又有六個新成員國加入；一九九三年，歐洲聯盟（EU）成立。至二〇二二年，已經有二十七個國家或地區加入歐盟。

UK & EUROPE

歐盟成員國的GDP排名（2021年）

歐盟內排名	國名	百萬美元	世界排名	歐盟內排名	國名	百萬美元	世界排名
1	德國	4,319,286	4	15	葡萄牙	257,391	48
2	法國	2,938,271	7	16	希臘	209,857	51
3	義大利	2,106,287	8	17	匈牙利	176,543	54
4	西班牙	1,461,552	14	18	斯洛伐克	117,664	60
5	荷蘭	1,012,598	17	19	盧森堡	84,077	66
6	波蘭	642,121	23	20	保加利亞	77,782	69
7	瑞典	625,948	24	21	克羅埃西亞	65,217	76
8	比利時	578,996	25	22	立陶宛	62,198	77
9	奧地利	481,796	28	23	斯洛維尼亞	59,132	83
10	愛爾蘭	476,663	29	24	拉脫維亞	37,720	96
11	丹麥	392,570	36	25	愛沙尼亞	35,187	100
12	芬蘭	300,484	44	26	賽普勒斯	26,479	103
13	羅馬尼亞	289,130	46	27	馬爾他	16,476	124
14	捷克	276,109	47				

德國爲什麼跟日本聯手？爲何無法強勢面對俄國？

位於歐洲中央的德國，是被俄國、法國、英國三大國包圍的陸權國家，爲了生存，必須擊退東西兩側國家的侵略，或是乾脆主動出擊。

第二次世界大戰時，德國軍人卡爾．豪斯霍弗爾看到了日俄戰爭的結果，於是認爲與日本結盟應該可以打敗英國，這個想法影響了後來納粹德國的軍事戰略。最後由於希特勒的暴政，德國嘗到戰敗的滋味，使得國家分裂爲東德和西德。

其實，成立歐盟的背後，似乎也隱含了在冷戰結束、東西德統一

德國與法國曾統治過的範圍

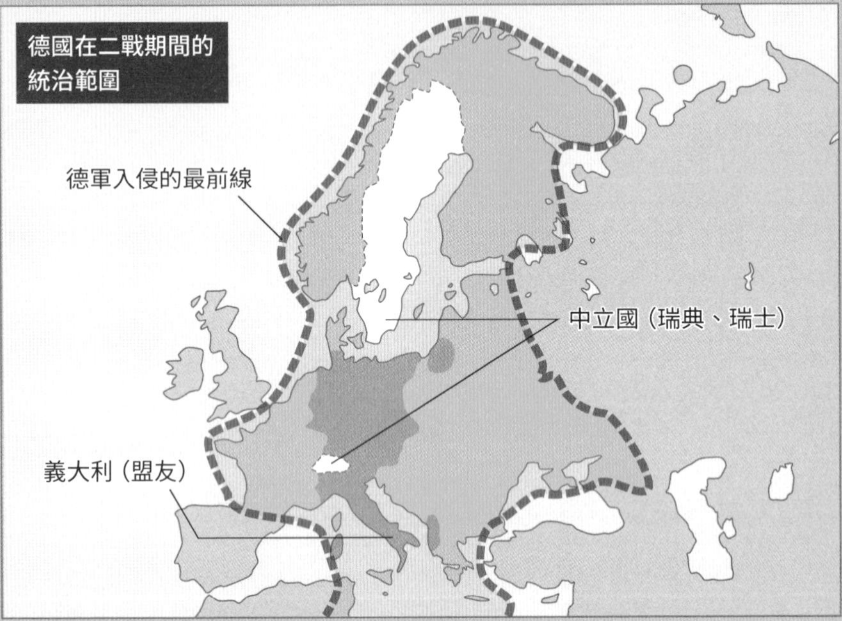

德國在二戰期間的
統治範圍
德軍入侵的最前線
中立國（瑞典、瑞士）
義大利（盟友）

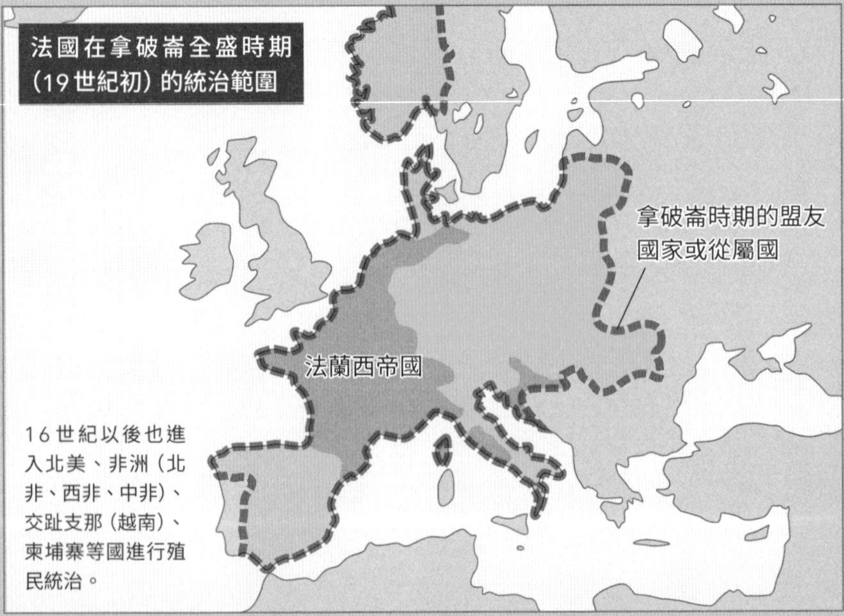

法國在拿破崙全盛時期
（19世紀初）的統治範圍
拿破崙時期的盟友
國家或從屬國
法蘭西帝國
16世紀以後也進
入北美、非洲（北
非、西非、中非）、
交趾支那（越南）、
柬埔寨等國進行殖
民統治。

以後，防止德國再度失控，諷刺的是，目前率領歐盟的正是當中GDP最高的德國。話又說回來，德國有近四成的能源仰賴俄國進口，因此，難以強勢面對俄國是它的弱點。

法國放棄建立海權

法國一直是陸權國家，但它的國土也瀕臨地中海和大西洋，因此很難得的也可以成為海權國家。在十九世紀初的拿破崙時期，法國國力強盛，曾遠征至俄國；到了十九世紀後半，又擴張海洋勢力，遠赴西非和越南開拓殖民地。法國有時也會跟俄國聯手牽制鄰國德國，利用地緣政治上的雙重優勢實行對外政策；然而，這樣的特性也成為一種負擔，在第二次世界大戰後，法國國力衰退，放棄殖民地。雖然法國曾經和英國聯手爭奪蘇伊士運河的霸權，但因為得不到美蘇兩大國的支持而敗下陣來。最終，法國放棄海權，選擇成為歐盟的一員做為生存之道。

POINT

- ▼歐洲半島上小國雲集，形成陸權國家聯盟。
- ▼德國受到來自東西兩側鄰國的壓力，目前擔任歐盟領導者的角色。
- ▼法國無法持續陸權、海權並立路線，最後選擇放棄海權。

解說3

在抗衡俄國的戰略中，波蘭和土耳其各有生存之道

波蘭和土耳其是影響東西方勢力的重要關鍵

麥金德意識到，如果歐洲半島基部地區的局勢不穩，整個半島都可能受到波及，他提出心臟地帶理論，主張「誰主宰了心臟地帶，就能主宰世界」。所謂「歐洲半島」基部位置的國家，指的就是蘇聯時期的波蘭，換句話說，波蘭發揮了防止俄國侵入歐洲的作用。

如果說波蘭是陸上的堡壘，那麼土耳其就是海上的防波堤。因爲它與俄國隔著黑海相對，因此土耳其也被視爲阻擋俄國進出歐洲的重要國家。

走親美路線的波蘭

波蘭毗臨歐亞大陸的心臟地帶，加上多平原，缺乏天然屏障，自古以來就處於容易

UK & EUROPE

波蘭、土耳其對歐洲的意義

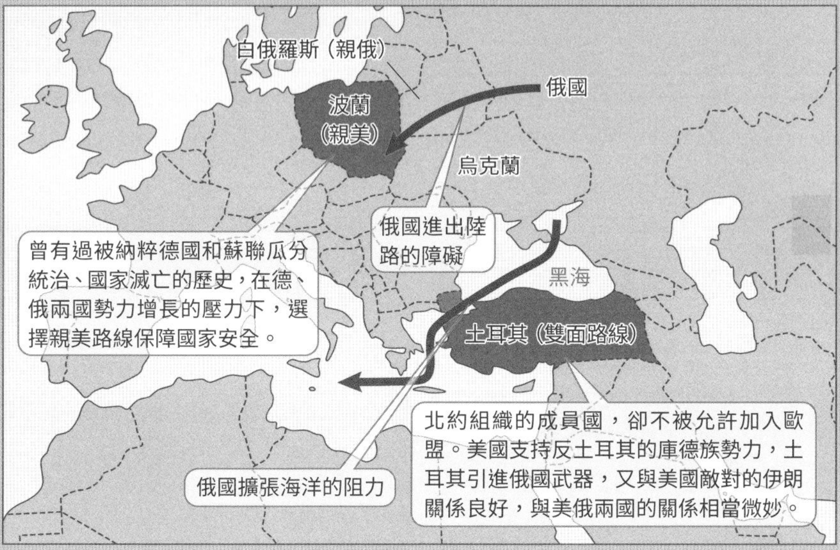
白俄羅斯（親俄）
俄國
波蘭
（親美）
烏克蘭
俄國進出陸
路的障礙
曾有過被納粹德國和蘇聯瓜分
統治、國家滅亡的歷史，在德、
俄兩國勢力增長的壓力下，選
擇親美路線保障國家安全。
黑海
土耳其（雙面路線）
北約組織的成員國，卻不被允許加入歐
盟。美國支持反土耳其的庫德族勢力，土
耳其引進俄國武器，又與美國敵對的伊朗
關係良好，與美俄兩國的關係相當微妙。
俄國擴張海洋的阻力

受到侵略，局勢不穩定的位置。

波蘭東鄰俄國，西鄰德國，南鄰奧地利，在普魯士時代就曾三度遭遇從三個方向的侵略，使國土分裂，甚至一度遭列強瓜分，從世界地圖上消失。後來波蘭恢復建國，但是又因《德蘇互不侵犯條約》的簽訂（1939年8月）而遭到德國和蘇聯瓜分和佔領。總之，波蘭在歷史上是一個多災多難，經常遭受德、俄夾擊和任意擺布的國家。

二次大戰後，美國、加拿大和西歐各國締結軍事同盟，組成北大西洋公約組織以對抗俄國。蘇聯解體後，東歐各國陸續加入北約，波蘭也加入行列，表明親美的立場。

巧妙穿梭於美俄之間的土耳其

做爲俄國出海門戶的土耳其，是美國希望加強防衛的國家之一。土耳其是中東國家，在第二次世界大戰後加入北約組織。土耳其與俄國早在鄂圖曼土耳其帝國和俄羅斯帝國時期，就因邊境問題爆發過多次衝突，所以雙方對彼此的利害關係瞭如指掌。土耳其現任總統艾爾多安也很清楚這一點，因此讓土耳其身爲北約組織成員國的同時，卻又跟美國、西歐各國保持一定的距離。另外，在敘利亞內戰問題上，土耳其內部有敘利亞反對派勢力，與俄國所支持的敘利亞總統阿薩德政權，彼此對立；另一方面，土耳其又藉著向俄國採購武器，表現親俄的姿態，而得到普丁總統的認可，但同時土耳也因此受到歐盟與美國的經濟制裁。總之，土耳其在地緣政治上，希望跟美國、俄國都能保有良好的關係，試圖在美俄兩大勢力之間找到平衡。

POINT

- ▼對東西兩方勢力而言，波蘭與土耳其都是地緣政治上的重要國家。
- ▼由於長年受到俄國與德國夾擊，波蘭選擇親美路線。
- ▼土耳其總是一面衡量比較美國與俄國，一面推行外交政策。

國家沒辦法搬家，所以和外國交涉和建立關係就變得非常重要。
國家之間要是能偶爾換個位置就好了。
那樣反而會吵起來吧？
我要靠窗座位。
我們一定要坐在一起。
我想坐在他後面……
……
靠窗座位是我的！
我要靠近出口的。
你去最前排吧！
開什麼玩笑啊！
真的會吵起來……

經濟差距動搖歐盟團結，歐盟未來將如何發展？

歐洲聯盟（EU）是第二次世界大戰後，爲了振興衰退的歐洲經濟，各國合作建立的聯盟。然而到了現在，東歐、西歐、南歐、北歐之間的經濟差距已經帶來嚴重的問題。

自從2020年英國脫離歐盟以後，至2022年爲止，歐盟共有27個成員國。歐盟是一個政治與經濟一體化的組織，合作領域廣泛，涵蓋了經濟和貨幣統一、外交與安全保障、警察及刑事司法互助等。歐盟內部推行的政策有：使用歐元爲統一貨幣、取消關稅、取消邊境通關手續等。

儘管以上政策是謀求歐盟全體的經濟發展，但實際上，憑藉歐元區內出口產品免關稅的規定，在汽車業和機械業等製造業擁有強大實力的德國，成了唯一的贏家。德國的人均GDP（國內生產毛額）在歐盟內排名第一，然而再看到因捨棄本國貨幣而失去競爭市場的南歐與西歐各國，它們的GDP只處在低水準而已。

歐洲執委會在2022年2月發表的冬季經濟預測中，預估歐盟27國在2022年的實質GDP成長率爲4.0%，當然各國之間存在差異。再加上烏克蘭情勢的影響，歐洲執委會指出，東歐地區由於地緣政治局勢緊張，所面臨的經濟成長和通貨膨脹的風險升高了，也就是說，東歐的經濟勢必更加落後，情況令人擔憂。

近年在歐盟內部有愈來愈多人，尤其是勞動階層，認爲加入歐盟以後的全球化造成經濟差距加大，以及移民人口增加使得生活水準下降。因此，有一些主張反歐盟、反全球化，以及反移民的民粹主義政黨正在崛起。

民粹主義是一種透過批評政治菁英或現有政黨來獲得人民支持的方法。2018年，芬蘭和瑞典國內高喊反移民的民粹主義政黨在議會中的席次增加；2019年，歐洲議會選舉後，由歐洲懷疑主義和極右派政黨所組成的政治團體也誕生了。歐盟的地位因英國脫歐而開始動搖，不可否認的是，歐盟未來的存在將受到威脅。

たけ寿司
你呢？
你打算跟哪一邊？
什麼啊？
山下課長是鈴木專務那一邊的人。
不過，你最近好像跟中村部長走得很近。
走得很近？在說什麼啊？
K大
鈴木專務
山下課長
W大
佐藤常務
中村部長
中村部長和佐藤常務都是W大畢業的吧。
是啊。
山下那傢伙和鈴木專務都是K大畢業的。
我實在不太喜歡他，但是下一任社長將會是鈴木專務。
你別選錯邊啊。
其實我從沒想過要選邊站。

你可要想清楚啊！
要是被當做中村部長養的狗，等到鈴木專務當上社長以後，應該會連你一起除掉。
中村部長的人品確實是很好，
可是也就那樣而已呀。
……
一個不小心，你到退休前都只有做行政工作打雜的份。
換個工作不就好了。
要是沒有出色的成績，就只能重頭開始。
所以我也打算利用一下關係。你喔，往山下那邊靠攏不就好了嗎？
……
我想走自己的路！

謝謝光臨！
當上班族也很辛苦耶⋯
他們應該是貿易公司或銀行界的人吧？
公司組織龐大，競爭對手多，
所以能獲得誰的提拔就變得很重要。
沒辦法靠實力來勝出嗎？
你太天真了。光靠自己的實力也升不了多高。
⋯⋯
看懂誰是關鍵人物，跟他培養好關係，這點在職場上非常重要。
安娜也這麼認為呀。
聽說安娜白天在另一家日本公司上班？
是啊。
剛到日本工作的時候，
有個前輩總是對我很親切，我很開心。

不過他在公司沒什麼影響力。
原來你也會看重這些呀。
我當然還是非常感謝他。
但是，在公司裡面只固守著和某些「朋友」往來是不夠的。
「大樹底下好乘涼」嘛。
我懂～所以選擇靠哪棵大樹也很重要呢！
這倒讓我聯想到印度、東南亞、中東……
那一帶國家的情形了。
咦？
缺乏實力的國家也只能向大國靠攏啊。
這樣就能得到幫助嗎？
看到大國互相競爭，小國順勢附和，
可能也有利用大國的想法。
……有點抽象難懂。

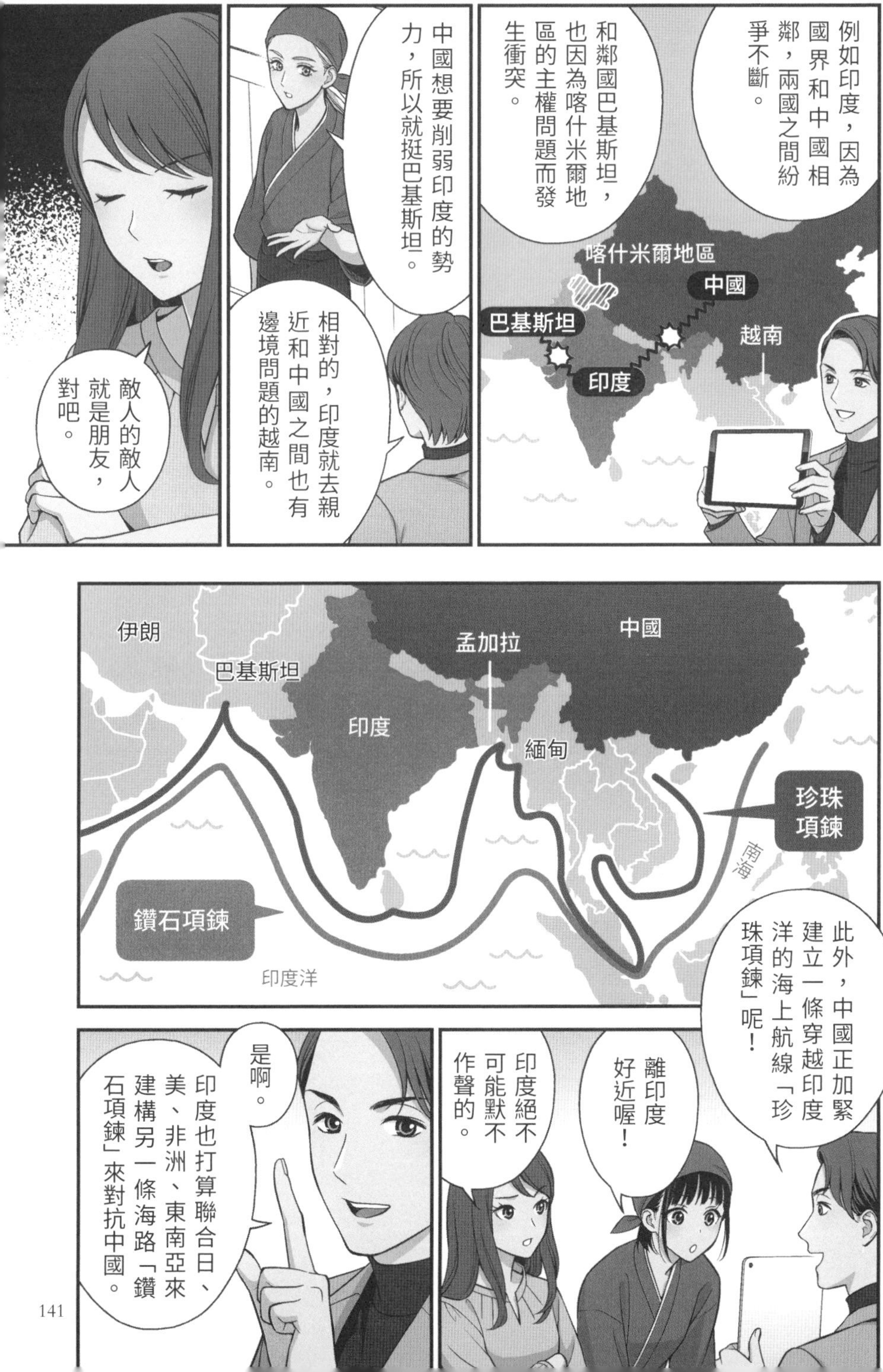
例如印度，因為國界和中國相鄰，兩國之間紛爭不斷。
和鄰國巴基斯坦，也因為喀什米爾地區的主權問題而發生衝突。
喀什米爾地區
中國
巴基斯坦
越南
印度
中國想要削弱印度的勢力，所以就挺巴基斯坦。
相對的，印度就去親近和中國之間也有邊境問題的越南。
敵人的敵人就是朋友，對吧。
伊朗
中國
孟加拉
巴基斯坦
印度
緬甸
珍珠項鍊
南海
鑽石項鍊
印度洋
此外，中國正加緊建立一條穿越印度洋的海上航線「珍珠項鍊」呢！
離印度好近喔！
印度絕不可能默不作聲的。
是啊。
印度也打算聯合日、美、非洲、東南亞來建構另一條海路「鑽石項鍊」來對抗中國。

東南亞國家也有參與啊？
因為東南亞國家勢力小，被逼得要選擇親中或親美。
也有很多國家試圖跟兩邊都打好關係。
那就是走平衡外交，
在經濟上不得不依賴中國，又不想被中國併吞——
親中
柬埔寨
寮國
親美
越南
新加坡
雙邊友好
泰國
汶萊
印尼
菲律賓
緬甸
和兩邊都保持距離
馬來西亞
所以我們應該和美國友好相處，
在我們有需要的時候，就能請求美國幫助？
兼顧經濟發展以及安全保障兩方面是很重要的。
たけ寿司
……以前都沒想過這些呢。

「親近哪邊最能幫助國家發展呢？」……
最容易受強權國家擺布的，恐怕就是中東了。
你在說「巴勒斯坦問題」，對不對？
那個我完全搞不懂。
據說問題源自第一次世界大戰時英國的「三舌外交」政策。
我們支持建立猶太國家喔！
我們支持建立阿拉伯國家喔！
咱們來討論如何分配利益吧！
猶太人
阿拉伯人
俄國
法國
當時協約國陣營的英國，正對抗同盟國陣營的鄂圖曼土耳其帝國，
為了朝有利的方向發展，英國向各方大開空頭支票。
為了勝利竟然不擇手段……
真有一套啊。

第二次世界大戰後，依照約定，讓以色列發表了獨立宣言。
但是阿拉伯國家不承認這一點，因此宣戰。
雙方開始陷入僵局。
變成猶太教和伊斯蘭教的戰爭了。
伊斯蘭教中，重視先知穆罕默德正統繼承人血統的什葉派，和不拘泥血統的多數派遜尼派之間，原本就糾紛不斷。
啊——
那些我也不太了解。
舉例來說，什葉派的伊朗和遜尼派的沙烏地阿拉伯彼此是對立的，
伊朗支持周邊伊斯蘭教國家的什葉派政權，
相對的，沙烏地阿拉伯支持那些做為反對派的遜尼派。
伊朗
對立
沙烏地阿拉伯
什葉派
遜尼派
這是代理人戰爭呀。

沙烏地阿拉伯有美國支持，
反美的伊朗有俄國相挺，然後事情就變得更複雜了。
美國想要中東的石油，
俄國圖的則是出海途徑，對吧？
嗯。
像敘利亞的內戰，獨裁者阿薩德政權屬於什葉派，所以獲得伊朗的支持。
而俄國在敘利亞的港口部署了海軍，當然也支持阿薩德政權。
也就是說，和伊朗對立的沙烏地阿拉伯，它與美國……
以及以色列、法國、英國
都支持反對派武裝組織。
土耳其
伊朗
還有土耳其也是。它的國界跟伊朗相交，以遜尼派為主流。
哇～真複雜！
另外，伊斯蘭國（IS）還趁亂參戰，奪取領土。
昏了～

IS的勢力消退以後，庫德族開始進入這一帶。
為什麼？
據說，庫德族是「現代民族自決、獨立之後，世界上『無國家民族』中人口最多的」。
意思是，他們想要建立自己的國家？
是的。
要是這樣，土耳其就會面臨領土被削減的危險。
所以土耳其就攻擊敘利亞，壓制庫德族。
土耳其
庫德族勢力
合作
敘利亞
阿薩德政權
然後庫德族就和阿薩德政權聯手對付共同的敵人——土耳其。
這也是「敵人的敵人就是朋友」的概念嗎……
太複雜了啦！

只不過，美國對中東問題正慢慢的收手，
不知道未來中東的權力平衡會變成什麼樣？
中國勢力會進入嗎？
這是有可能的。
據說現在進入了美中的「新冷戰」時代。
俄國又會變成什麼樣呢？
俄國因為入侵烏克蘭耗掉許多國力。
俄國執行南下政策入侵阿富汗時，
打了十年極為艱困的游擊戰，最後導致蘇聯瓦解。

那這次
說不定俄國又會崩潰瓦解……
這也不無可能。

Part 6

與大國保持微妙距離求發展

從地緣政治學看印度和東南亞

對於開發中國家來說，
如何與大國保持距離是非常重要的，
很多時候，被強國殖民的經歷，
與現在的處境以及國際關係，都密切相關。
本篇將簡要介紹印度和東南亞在地緣政治上的發展脈絡。

解說1

印度的生存策略——在中、美、俄之間尋求平衡

從英國的殖民統治到獨立建國，再到擁有核武器

十九世紀中葉，蒙兀兒帝國幾乎遭英國滅國以後，印度變成了英屬印度帝國。在當時的中亞地區，英國和俄國展開了一場殖民統治權的爭奪戰，歷史稱爲「大競逐」（The Great Game，或稱大博弈）。這場競爭中，英國設法阻止印度被南下的俄國接管，俄國採取往西繞過喜馬拉雅山脈後南下，因此英國將印度帝國西北方的阿富汗納爲保護國，接著印度東北方的西藏也獨立了，這兩個國家就成爲英國與俄國之間的緩衝地帶。

第一次世界大戰後，在甘地等人的帶領下，印度獨立運動聲勢愈來愈大，於是英國開始煽動印度教徒與伊斯蘭教徒對立，企圖削弱獨立運動，這個宗教衝突導致了一九四七年印度獨立時，巴基斯坦也以伊斯蘭國家身分宣布與印度分離。與此同時，在印度和巴基斯坦之間的喀什米爾地區主權歸屬，也埋下衝突的種子。

擁核武國家擁有的核彈頭數量（2021年估計）

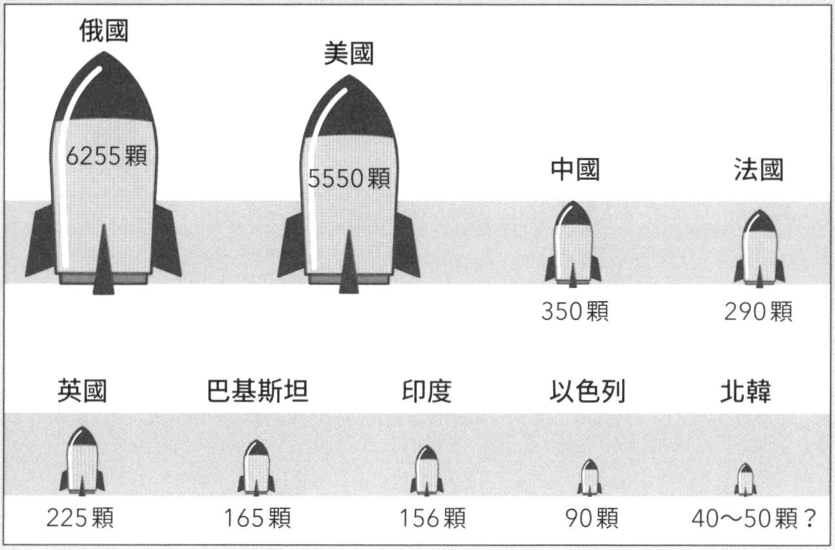
俄國
6255顆
美國
5550顆
中國
350顆
法國
290顆
英國
225顆
巴基斯坦
165顆
印度
156顆
以色列
90顆
北韓
40～50顆？

儘管阿富汗已經獨立，俄國（當時的蘇聯）還是與阿富汗國內的左派勢力維繫著深厚的關係，於是催生了阿富汗的共產黨政權。一九七九年，伊朗革命爆發，建立了伊斯蘭原教旨主義政權，蘇聯擔心革命的火花會開始蔓延，便對阿富汗進行軍事干預，鎮壓伊斯蘭勢力。

接著，美國經由巴基斯坦，支援阿富汗國內的反政權伊斯蘭志願軍。當時西藏已經被中國併吞，印度因此同時受到來自西方的美國與東方的中國這兩大擁核武國的壓力。後來印度也在一九八八年進行核子試爆，成爲擁核武國家，同年，巴基斯坦也進行核子試爆，同樣成

印度對抗中國擴張海權的航線戰略

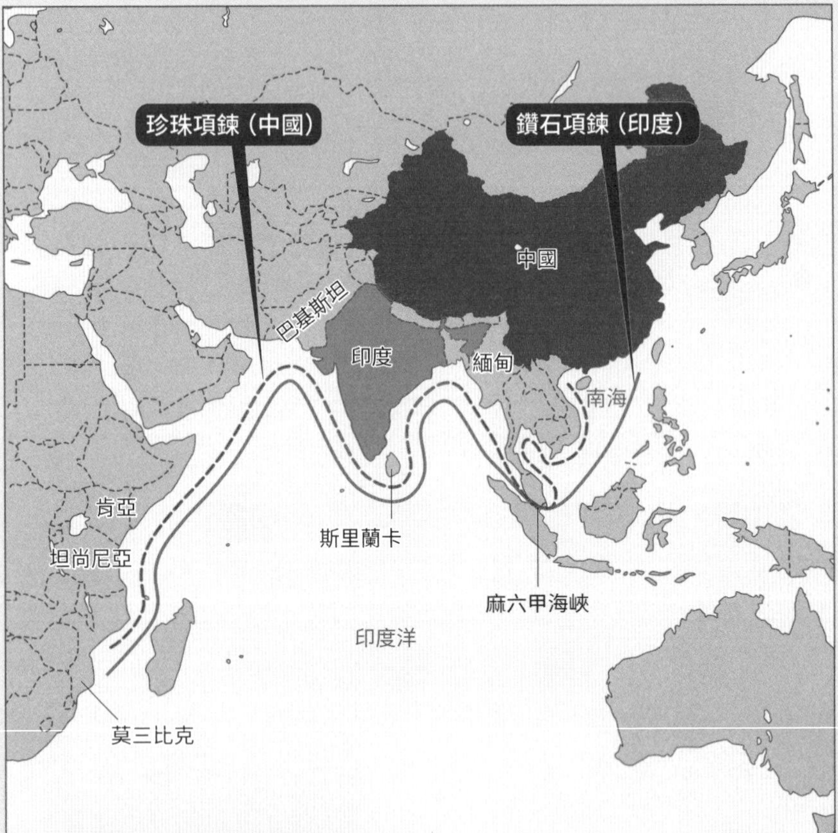
珍珠項鍊（中國）
鑽石項鍊（印度）
中國
巴基斯坦
印度
緬甸
南海
肯亞
坦尚尼亞
斯里蘭卡
麻六甲海峽
印度洋
莫三比克

中國的「珍珠項鍊」戰略

中國在巴基斯坦、斯里蘭卡、孟加拉、緬甸等國家建立港口，以確保進出印度洋的海上通道。

印度的「鑽石項鍊」戰略

為對抗中國，印度與日本、美國合作建構一條能包圍「珍珠項鍊」的海上通道；強化海軍，並與日本、美國、印尼、泰國及越南的海軍進行交流。

爲擁核武國家。雖然後來兩國都同意凍結核子試爆，但是只要印度試射中程彈道飛彈，巴基斯坦也會跟著試射新型的中程彈道飛彈，兩國之間依然持續著緊張關係。

反對中國經濟擴張，但不希望正面對抗

目前，中國正在印度洋沿岸地帶建設一條海上通道「珍珠項鍊」，企圖擴大在海洋的影響力。印度則是與日本、美國合作，構思建立一條自己的海上通道「鑽石項鍊」，來與中國抗衡。印度一面強化海軍，一面深化與印尼、泰國、越南等國家的關係，甚至也參加日本倡議的「自由開放的印度-太平洋」計畫，顯現出牽制中國擴張的態度。

但是，中國又是重要的貿易夥伴，因此印度也希望加入由中國和俄國主導的上海合作組織。總之，對於任何大國，印度都不採取鮮明的對立姿態，而是一邊尋求保持平衡，一面謀求國家的生存發展。

POINT

▼英國對印度的殖民統治戰略，導致巴基斯坦從印度分離而獨立。
▼在中國和美國的壓力下，印度選擇走上擁核武國家之路。
▼印度藉由「鑽石項鍊」戰略牽制中國進出海洋。

解說2

東南亞各國被迫在中國和美國之間採取平衡外交

透過絕妙外交維持獨立的泰國，承受邊緣地帶宿命的越南

在第二次世界大戰結束以前，許多東南亞國家都曾被強權國家殖民統治過，唯獨泰國例外。泰國位在中南半島的中心，從地緣政治來看，這個地區是陸權和海權容易爆發激烈衝突的邊緣地帶，泰國卻沒有受到兩種勢力入侵，守護了王國的獨立主權。在殖民統治了越南、寮國、柬埔寨的法國，以及殖民統治了印度、緬甸的英國雙面夾擊之下，泰國巧妙運用身爲緩衝地帶國家的外交策略，幫助國家度過危機。卽使在第二次世界大戰期間，泰國也未蒙受重大傷害。越南戰爭爆發時，泰國同意美軍設置軍事基地，協助美國，同時也跟蘇聯、中國、越南等社會主義勢力保持友好，爲國家取得了絕妙的生存位置。

越南過去曾經是法國的殖民地，在第二次世界大戰後宣布獨立爲社會主義國家，但

INDIA & SOUTHEAST ASIA

19世紀後半葉的東南亞

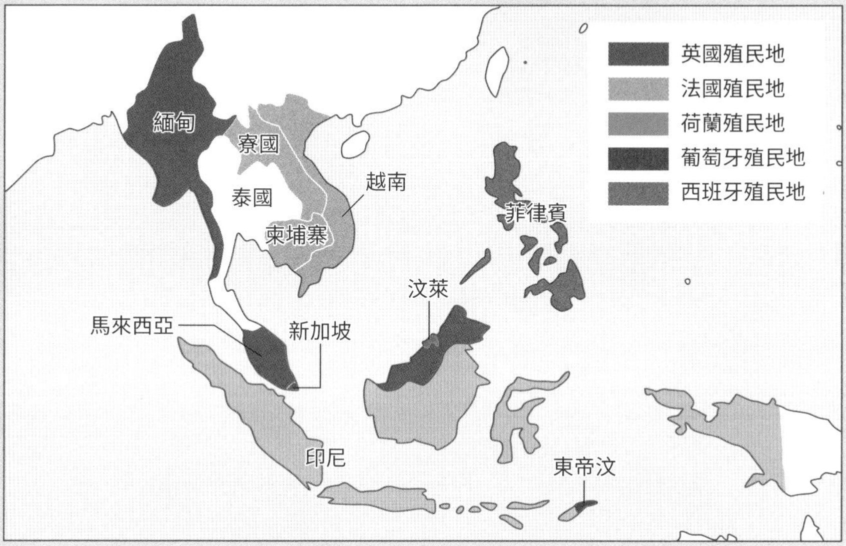
英國殖民地
法國殖民地
荷蘭殖民地
葡萄牙殖民地
西班牙殖民地
緬甸
寮國
泰國
越南
柬埔寨
菲律賓
汶萊
馬來西亞
新加坡
印尼
東帝汶

當時並未得到法國承認。法越戰爭爆發後，越南分裂爲北越（社會主義）和南越（親法、親美）兩國；之後南北越又爆發越戰，多年的戰爭結束後，成立了越南社會主義共和國，統一分裂的南北越。越南的邊境也曾經歷過幾場戰爭，在西沙群島和南沙群島的主權歸屬爭議上，越南與中國的歷史因緣牽扯極深，目前則是採取親美的態度。

利用美中的菲律賓，運用地利的新加坡

菲律賓在戰後成爲南海地區重要的戰略據點，它容許美國設立軍

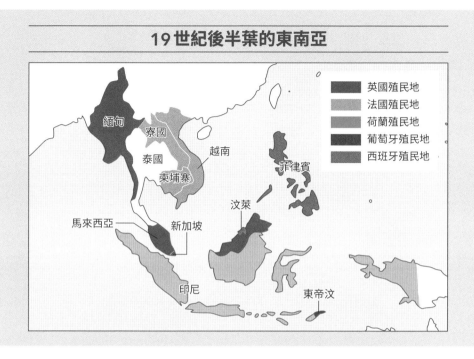

東協經濟極度依賴中國（2020年）

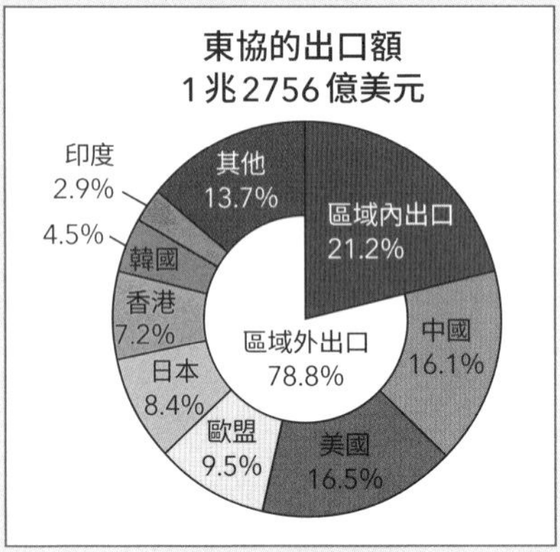
東協的出口額
1兆2756億美元
區域內出口
21.2%
區域外出口
78.8%
中國
16.1%
美國
16.5%
歐盟
9.5%
日本
8.4%
香港
7.2%
韓國
4.5%
印度
2.9%
其他
13.7%

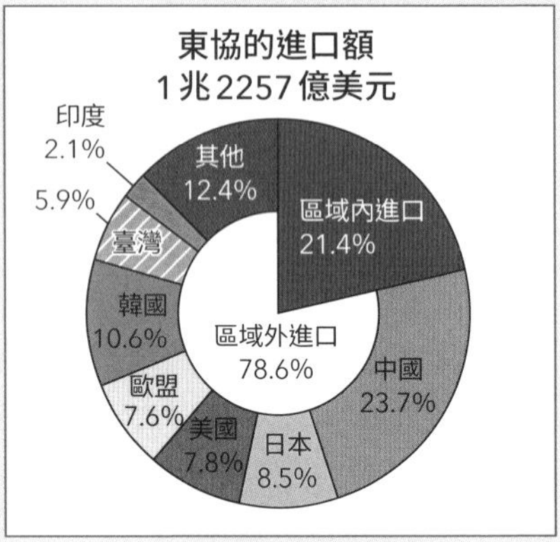
東協的進口額
1兆2257億美元
區域內進口
21.4%
區域外進口
78.6%
中國
23.7%
日本
8.5%
美國
7.8%
歐盟
7.6%
韓國
10.6%
臺灣
5.9%
印度
2.1%
其他
12.4%

出口+進口貿易總額（個別國家）

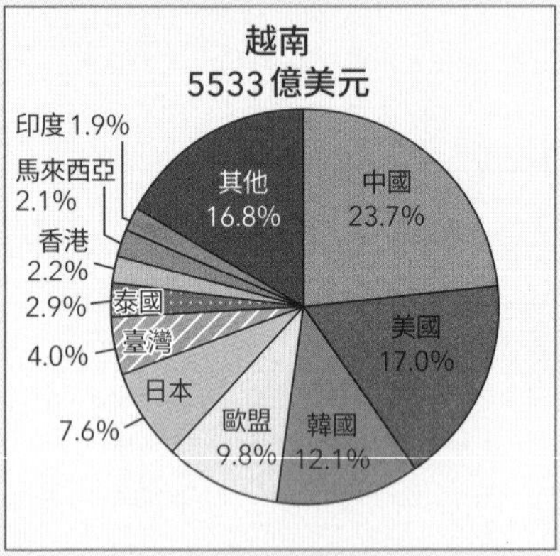
越南
5533億美元
中國
23.7%
美國
17.0%
韓國
12.1%
歐盟
9.8%
日本
7.6%
臺灣
4.0%
泰國
2.9%
香港
2.2%
馬來西亞
2.1%
印度 1.9%
其他
16.8%

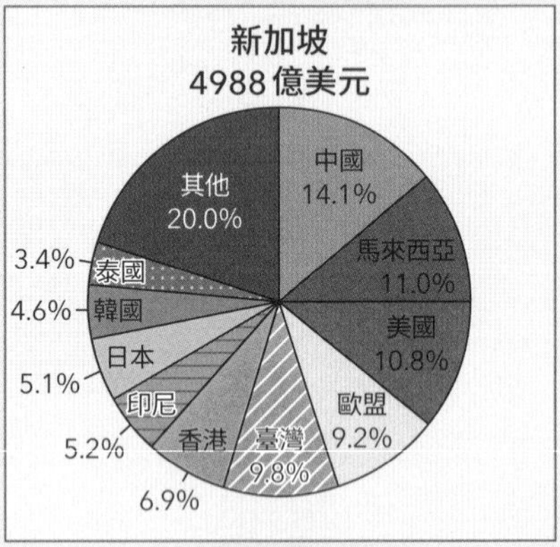
新加坡
4988億美元
中國
14.1%
馬來西亞
11.0%
美國
10.8%
歐盟
9.2%
臺灣
9.8%
香港
6.9%
印尼
5.2%
日本
5.1%
韓國
4.6%
泰國
3.4%
其他
20.0%

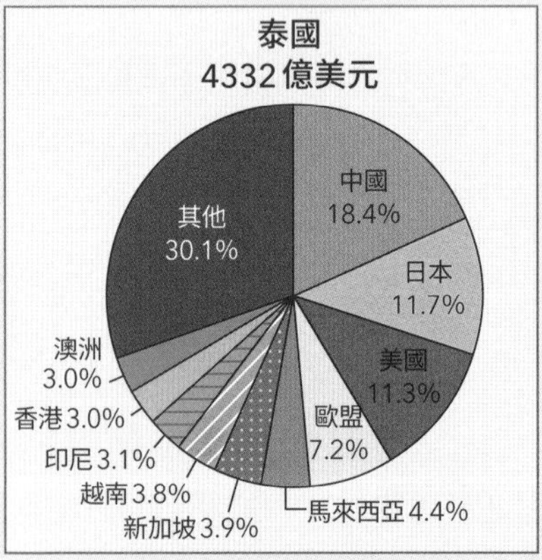
泰國
4332億美元
中國
18.4%
日本
11.7%
美國
11.3%
歐盟
7.2%
馬來西亞 4.4%
新加坡 3.9%
越南 3.8%
印尼 3.1%
香港 3.0%
澳洲
3.0%
其他
30.1%

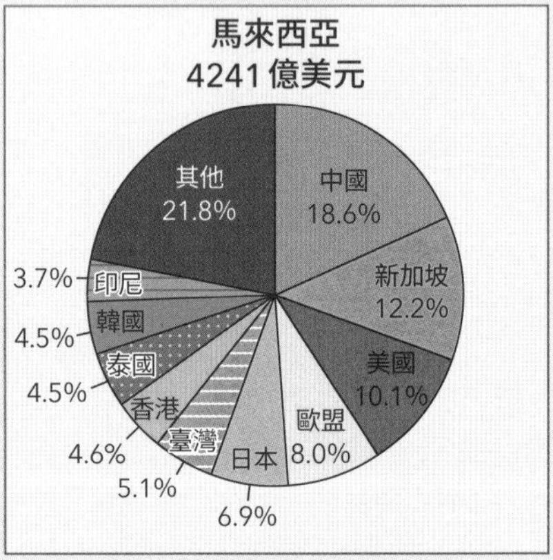
馬來西亞
4241億美元
中國
18.6%
新加坡
12.2%
美國
10.1%
歐盟
8.0%
日本
6.9%
臺灣
5.1%
香港
4.6%
泰國
4.5%
韓國
4.5%
印尼
3.7%
其他
21.8%

事基地，以盯視周圍的社會主義勢力。後來，隨著美軍撤離菲律賓，中國趁機對南沙群島進行實質控制，菲國又再度加強與美國的同盟關係，並向裁定國際紛爭的常設仲裁法院提出訴訟；但當中國的正當性遭到否定以後，菲律賓又以擱置判決做為條件，向中國要求經濟協助。在杜特蒂總統的巧妙布局之下，目前菲律賓一面往來於美中之間，一面摸索國家發展的道路。再來談到新加坡，雖然身為小國，卻能運用位於麻六甲海峽咽喉點的地利優勢，發展為亞洲地區的物流轉運樞紐。由於新加坡與亞洲各國之間的關係良好，也使它成為全球的重要商務據點。儘管宗教或政治意識形態各不相同，多數東南亞國家都加入了在社會、經濟、文化面互助的「東南亞國家協會」（東協，ASEAN）。

東協現在被認為是開發中國家當中，區域性合作組織的模範。東協成功的原因，或許跟它撇開宗教或政治意識形態，將關注重點放在相互利益上有關。儘管東南亞各國跟美／中保持距離的策略各不相同，卻未造成彼此之間的重大摩擦或衝突。

POINT

- 中南半島曾幾度遭受其他陸權國家與海權國家擺布。
- 東南亞各國對美中保持距離的外交策略，具有各自的特色。
- 東南亞各國跨越宗教與政治意識形態，透過東協共同追求經濟發展。

陸權與海權時代交替出現？

前面曾經說明，一個國家之內，陸權與海權難以同時並存（見P.26）。回顧歷史即可發現，陸權主導世界的時代和海權主導世界的時代，其實是交替出現的。

首先，大約在15世紀以前，由於航海技術尚未發達，移動或運輸皆以陸路爲中心，掌握陸權的國家自然能擴張勢力。雖然那時也有海路，但僅限於與鄰近國家聯絡，還無法做爲擴張國家勢力的有效手段。

在13世紀，由成吉思汗率領的游牧民族組成的蒙古帝國，統治了整個歐亞大陸。

進入大航海時代以後，即是海權的時代（15～19世紀）。達伽馬發現印度航線、哥倫布抵達美洲大陸，使歐洲相繼開拓「新世界」，以西班牙、葡萄牙爲首，歐洲各國紛紛前往世界各地建立殖民地。那段期間，身爲海權國家的英國打敗了當時最強的西班牙無敵艦隊，奪下海權第一大國的寶座。

到了19世紀，隨著蒸汽火車出現，鐵路建設蓬勃發展，令陸上交通網路高度發達。在陸上實現了能與海上交通匹敵的運輸能力以後，俄國、印度等陸權國家一口氣擴張了國家的勢力（19～20世紀前半葉）。

到了20世紀中葉，海權國家美國和日本也開始擴張國家勢力。第二次世界大戰後，美國成爲霸主，日本也恢復國力，成長爲經濟大國。

就在陸權→海權→陸權→海權的交替中，歷史走到了今日。現在會是由擁有哪種權力的國家掌握世界霸權呢？原本屬於陸權國家的中國，如今也想要將海權囊括手中。有可能會出現一個同時擁有陸權與海權的國家嗎？新興的太空權、網路權（見P.172）變得日益重要，國家生存的戰略也變得愈來愈複雜。

Part 7

遭大國私利擺布，戰火不斷的中東

從地緣政治學看中東

中東給世人一種紛爭戰亂不斷的印象，
國家猶如陷入泥沼，其實是第一次世界大戰所種下的禍因。
需求能源的大國心中的盤算，加上當地的宗教糾紛，
國際勢力與關係也變得複雜。
本篇就來瀏覽中東地區在地緣政治上的重點吧！

解說1

中東背負著連結歐、亞、非「世界島」關鍵位置的宿命

英國的「三舌外交」激化中東的宗教與民族對立

由地緣政治學的角度來看，中東地區是「世界島」亞洲、歐洲、非洲的交會點。直到十五世紀大航海時代，船隊橫渡大西洋航行之前，世界的貿易中心一直是中東，而擔任貿易要角的正是穆斯林商人。但現在中東卻變成一個長年戰亂不斷、治安不穩定的地區，起因要追溯到第一次世界大戰。二十世紀初，中東屬於鄂圖曼土耳其帝國（簡稱鄂圖曼帝國）的領土，擁有信仰自由和語言自由，當時是一個和平穩定的時代。第一次世界大戰爆發後，鄂圖曼帝國和英國各自加入同盟國和協約國陣營，世界陷入戰爭狀態。那時，英國陸續與各個地區做了以下約定。

首先，英國與阿拉伯人承諾「如果阿拉伯站在協約國這一方，在鄂圖曼帝國內發動起義，戰後將支持建立大阿拉伯國家」（《胡笙–麥克馬洪通信》，1915年）；接著，英國與

MIDDLE EAST

第一次世界大戰期間英國的多重外交

英國

對阿拉伯人

「協助打倒鄂圖曼帝國的話，就支持在鄂圖曼帝國領土內建立阿拉伯人的國家！」

《胡笙-麥克馬洪通信》(1915年)

一戰期間，英國駐埃及高級專員麥克馬洪邀請阿拉伯領導人胡笙參戰，並承諾以支持建立大阿拉伯國家做為回報，但戰後並未實現約定。

對法國

「耶路撒冷由英、法聯手執行國際管理吧！」

《賽克斯-皮科祕密協定》(1916年)

一戰期間，英、法密商未來在鄂圖曼帝國領土內的勢力範圍。由英國代表馬克·賽克斯與法國代表弗朗索瓦·皮科起草。

對猶太人

「承認猶太人在巴勒斯坦上建立他們殷切盼望的民族家園吧！」

《貝爾福宣言》(1917年)

一戰期間，為了獲得猶太人的支持，英國外交部長貝爾福發表宣言，同意戰後在巴勒斯坦建立猶太國家。

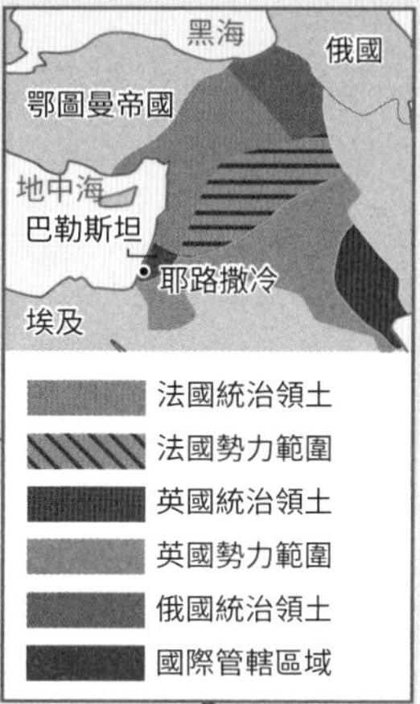
黑海
俄國
鄂圖曼帝國
地中海
巴勒斯坦
耶路撒冷
埃及
法國統治領土
法國勢力範圍
英國統治領土
英國勢力範圍
俄國統治領土
國際管轄區域

釀成巴勒斯坦問題

同爲協約國的法國簽定祕密協定，早早的決定在戰後如何瓜分鄂圖曼帝國的領土（《賽克斯－皮科祕密協定》，1916年），然後又與猶太人承諾「假如猶太人願意支援，英國將支持猶太民族在巴勒斯坦建立家園」（《貝爾福宣言》，1917年）。

以色列建國後，大量巴勒斯坦人淪爲難民

一九一八年，協約國陣營獲得最後的勝利，依照《賽克斯－皮科祕密協定》，鄂圖曼帝國被列強瓜分統治。但是在鄂圖曼帝國內展開游擊戰，弱化帝國勢力的阿拉伯人，他

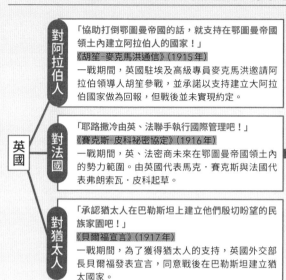

中東戰爭和以色列的領土

聯合國分割方案（1947年）定案的領土
第一次中東戰爭（1948～1949年）佔領的地區
第三次中東戰爭（1967年）佔領的地區
第四次中東戰爭（1973年）佔領的地區
第一次世界大戰後，英國接管巴勒斯坦地區，但在1948年撤出。以色列根據聯合國的巴勒斯坦分割決議宣布獨立，但阿拉伯各國反對，引爆第一次中東戰爭，在主權未定的情況下，加薩先後被埃及和以色列佔領。
2005年，以色列軍隊撤離後，經過自治政府選舉，由伊斯蘭原教旨主義組織（哈馬斯）取得統治。由於以色列加強封鎖加薩，造成當地燃料不足、水質不佳等問題，生活環境非常惡劣。
貝魯特
黎巴嫩
大馬士革
戈蘭高地
敘利亞
特拉維夫
拿撒勒
約旦河
約旦河西岸地區
安曼
耶路撒冷
伯利恆
死海
地中海
加薩（加薩走廊）
賽德港
蘇伊士運河
貝爾謝巴
以色列
戈蘭高地是以色列的重要水源地，現在與敘利亞之間仍存在主權爭議。川普總統在2019年表示「美國承認以色列擁有戈蘭高地的主權」。
第三次中東戰爭後，以色列佔領西奈半島。第四次中東戰爭後，埃及奪回一部分土地。經過美國調停，1978年以色列和埃及簽訂和平條約，將西奈半島歸還埃及（《大衛營協議》）。
約旦
埃拉特
第三次中東戰爭後，伯利恆被以色列佔領。1993年，巴勒斯坦人獲得暫時自治權，完全自治區（A地區）約佔兩成，約有六成土地被劃歸以色列軍事統治（C地區）。
蘇伊士灣
西奈半島
阿卡巴灣
沙烏地阿拉伯
埃及
紅海
埃拉特位在以色列最南端，是通往紅海的唯一港口，同時也是觀光勝地。是進口石油的路線上不可或缺的地點。

們爭取民族獨立與建立大阿拉伯國家的要求，卻沒有獲得外界承認。另一方面，巴勒斯坦在國際聯盟的決定下交由英國託管，隨著納粹德國的崛起，猶太人自一九三〇年代開始移入巴勒斯坦地區定居，與阿拉伯人之間的武力衝突愈演愈烈。這個問題一直延續到二次大戰以後，英國終於交給聯合國仲裁。聯合國在一九四七年提出決議，採用「巴勒斯坦分割方案」，廢除英國的託管，將巴勒斯坦地區分割成阿拉伯人國家巴勒斯坦，還有猶太人國家以色列。

猶太人遵從這項決議，在一九四八年宣布獨立，但是阿拉伯人拒絕這項決議。於是，來自埃及、敍利亞、約旦、黎巴嫩和伊拉克的軍隊進攻巴勒斯坦，點燃第一次中東戰爭（巴勒斯坦戰爭）的戰火。一開始是阿拉伯人佔了上風，後來以色列開始反擊並獲得優勢。一九四九年聯合國出面調停時，以色列獲得的領土遠超過之前分割方案所分配的土地，結果大量的巴勒斯坦人被趕出家園，淪爲難民，造成「巴勒斯坦問題」。

POINT

▼在第一次世界大戰以前，巴勒斯坦是和平的地區。
▼英國的多重外交手法導致猶太人和阿拉伯人衝突，最後交由聯合國決議。
▼被以色列趕出家園的巴勒斯坦人淪為難民。

解說2

反美的伊朗與親美的沙烏地阿拉伯，造成中東對立

伊朗革命後由親美轉向反美

被迫離開家園的巴勒斯坦人，在一九六四年成立巴勒斯坦解放組織（PLO）。第二次到第四次中東戰爭以後，以色列與PLO簽訂《奧斯陸協議》（1993年），彼此同意在約旦河西岸及加薩走廊劃定巴勒斯坦人的暫定自治區，但是，反以色列的抗議活動依然持續進行。當反對PLO和平路線的伊斯蘭原教旨主義組織（哈馬斯）勢力抬頭後，以色列採敵視態度，對統治加薩走廊的哈馬斯發動空襲。而美國等國家爲了石油而想在此地擴大自己的影響力，讓局勢變得更加混亂。

美國爲了穩定中東，支持伊朗與沙烏地阿拉伯，讓兩國成爲親美國家，但是一九七九年，伊朗卻因爲什葉派發動伊朗革命而成爲反美國家。伊斯蘭教什葉派領袖何梅尼成立了政教合一的伊斯蘭共和國，他的地位凌駕於總統和議會之上。之後，伊朗組成了「伊斯蘭革命衛隊」，並派遣特別行動隊前往伊拉克、敘利亞、黎巴嫩等地，將伊朗革命擴大到整個中

MIDDLE
EAST

中東各國的主要特徵

	主要種族	主要宗教	政治制度	宗教與政治	與美國的關係
伊朗	波斯人	伊斯蘭教（什葉派）	伊斯蘭共和制	三權分立，但伊斯蘭原教旨主義不允許發生違反伊斯蘭教法的事情。	反美
伊拉克	阿拉伯人約6成、庫德族約2成、其他族	伊斯蘭教（其中的什葉派約6成、遜尼派約2成）	共和制	以伊斯蘭教為基礎，但是走政教分離的現實路線。	反美
敘利亞	阿拉伯人約8成、庫德族約1成、其他族	伊斯蘭教約9成（其中的遜尼派約7成）	共和制		反美
沙烏地阿拉伯	阿拉伯人	伊斯蘭教（遜尼派）	君主制		親美
土耳其	土耳其人其他是庫德族等	伊斯蘭教（遜尼派）	共和制	刪除以伊斯蘭教為國教的憲法條文，政教分離立場明確。	微妙
以色列	猶太人約7成、阿拉伯人約2成、其他族	猶太教約7成、伊斯蘭教約2成、其他是基督教等	共和制	政治運作受到猶太教強烈影響，但形式上屬於世俗國家	親美

東地區（輸出革命）。特別行動隊效忠於何梅尼和他的繼承者，就連總統也管不了。伊斯蘭革命衛隊屬於游擊軍隊，負責跨國攻擊敵對勢力，二〇一九年日本油輪在荷姆茲海峽遭遇攻擊，美國斷定是伊斯蘭革命衛隊的犯行，並且發動無人機攻擊指揮官的座車，擊斃了行動指揮官。

遜尼派的沙烏地阿拉伯與什葉派的伊朗處處對立

由於伊朗轉而反美，它與屬於多數的遜尼派且親美的沙烏地阿拉伯在許多方面都發生衝突。例如：伊朗在敘利亞支持偏什葉派立場的阿薩德政權，沙烏地阿拉伯則支持

伊朗、沙烏地阿拉伯的對立與對美態度

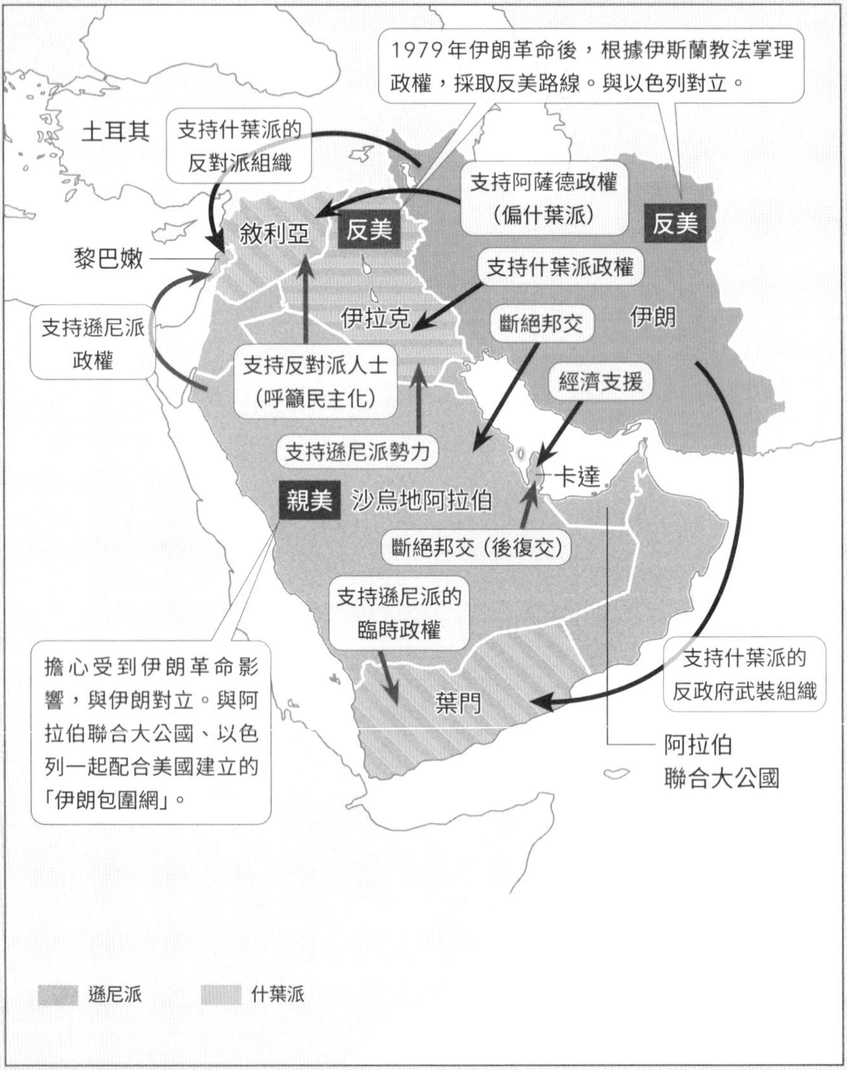
1979年伊朗革命後，根據伊斯蘭教法掌理政權，採取反美路線。與以色列對立。
土耳其
支持什葉派的反對派組織
支持阿薩德政權（偏什葉派）
敘利亞
反美
反美
黎巴嫩
支持什葉派政權
支持遜尼派政權
伊拉克
斷絕邦交
伊朗
支持反對派人士（呼籲民主化）
經濟支援
支持遜尼派勢力
卡達
親美
沙烏地阿拉伯
斷絕邦交（後復交）
支持遜尼派的臨時政權
支持什葉派的反政府武裝組織
葉門
擔心受到伊朗革命影響，與伊朗對立。與阿拉伯聯合大公國、以色列一起配合美國建立的「伊朗包圍網」。
阿拉伯聯合大公國
遜尼派
什葉派

反阿薩德政權的遜尼派武裝勢力；在黎巴嫩的情況卻又相反，遜尼派的政權有沙烏地阿拉伯支持，對抗的什葉派組織有伊朗支持。伊朗與沙烏地阿拉伯雙方的對立情況大概就是這樣。

至於隱身在背後的美國，當時由川普執政，除了毫不掩飾親以色列的態度，也強化反伊朗的立場。關於對伊朗的經濟制裁，聯合國安全理事會的常任理事國以及德國共六大國，與伊朗之間簽訂了協議，如果伊朗同意大幅限制開發核武，將階段性解除對伊朗的經濟制裁（伊朗限核協議，2015年）。

然而，川普政府以限制核武開發的內容並不充分爲理由，退出這項協議，採取美國自己的經濟制裁手段。拜登總統上任之後則承諾回歸協議，被解讀爲美國不希望和伊朗更加對立。只是，反美的伊朗已經跟俄國合作，又引來中國接近。看來，中東今後將如何發展，必須多加關注。

※編註：截至2023年5月最新報導，沙烏地阿拉伯態度轉變為接納敘利亞阿薩德政權，與西方國家的觀點分歧。

POINT

- 為了區域穩定，美國促使伊朗與沙烏地阿拉伯親美。
- 伊朗革命使得什葉派最高領導人掌握權力頂點。
- 什葉派的伊朗與遜尼派的沙烏地阿拉伯將鄰國也拉進對立情勢。

解說3 他國利害關係攪局，敘利亞內戰局勢日趨複雜

「阿拉伯之春」引發政府與反對派的內戰

自一九七〇年代以來，敘利亞從哈菲茲．阿薩德總統到他的次子巴夏爾．阿薩德總統接任，一直實行獨裁統治。阿薩德父子是敘利亞的少數派阿拉維派，由於他們禮遇同教派，引發多數派遜尼派勢力的抗議，這些抗議活動被強力鎮壓。但是到了大約二〇一〇年底，在北非發生的反政府「阿拉伯之春」民衆運動，開始在中東蔓延開來，終於在二〇一一年引爆敘利亞內戰。

各國也在這時帶著私心介入。利用敘利亞的港口提供本國海軍補給、停靠的俄國，支持阿薩德政權；與遜尼派敵對的什葉派伊朗，也與俄國同調。另一方面，與伊朗敵對的以色列、美國、法國、英國，還有以遜尼派爲主流的土耳其等，皆支持敘利亞反對派。在這情況下，由遜尼派建立的伊斯蘭原教旨主義國家，伊斯蘭國（IS）也參戰了。事態變成

日益複雜的敘利亞內戰

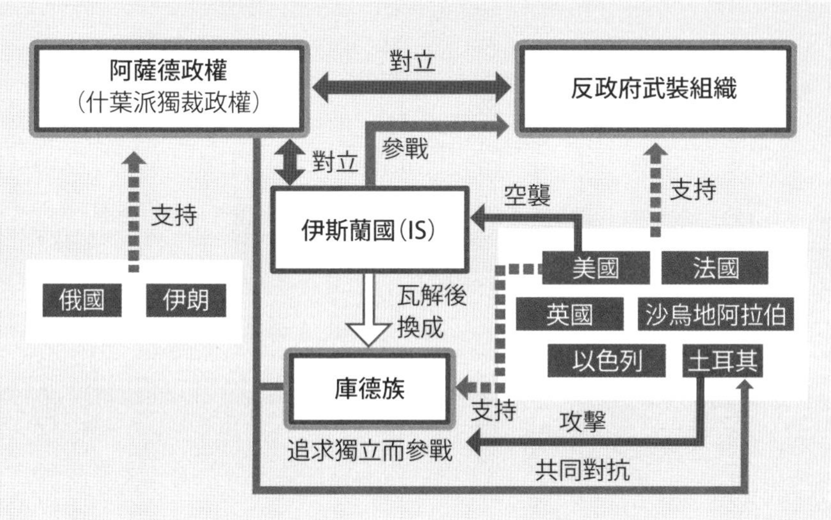
阿薩德政權
（什葉派獨裁政權）
對立
反政府武裝組織
參戰
對立
支持
伊斯蘭國（IS）
空襲
支持
美國
法國
英國
沙烏地阿拉伯
以色列
土耳其
俄國
伊朗
瓦解後
換成
庫德族
支持
攻擊
追求獨立而參戰
共同對抗

「阿薩德政權VS反政府組織＋IS」，二〇一四年，美國空襲了IS，次年，換成俄國軍事介入敘利亞內戰。在二〇一七年左右，IS終於失去勢力。後來美國宣布撤軍，原本受壓迫的阿薩德政權恢復勢力。

尋求獨立的庫德族實際支配土耳其邊境

同期間，大約從二〇一二年左右開始，阿薩德政權因爲國力疲弱，撤回了駐紮敘利亞東北方，用於鎮壓庫德族的軍隊。庫德族號稱是「沒有國家的最大民族勢力」，另外也有「山岳土耳其人」的稱號，一直以來渴望建立自己的國家。庫德族重獲生機以後，實質支配了敘利亞的東北部，而阿薩德政權也默認了這情況。土耳其將庫德族視為恐怖組織，便趁著美國撤出敘利亞的機會進攻敘利亞，理由是避免邊境地區成為庫德族恐怖活動的溫床。

美國與土耳其的關係降溫

土耳其一方面繼承了伊斯蘭文化，一方面又是一個政教分離的世俗國家。在冷戰時期，土耳其因為能當做抵禦東方國家的屏障，受到北約組織歡迎，但是它殷殷企盼成為歐盟會員國的心願卻始終無法完成；在這背景之下，美國為了消滅IS而支援庫德族，讓土耳其的態度變得更加強硬，由於這種恩怨，土耳其決定疏離歐美，轉向靠近俄國。然而在敘利亞內戰中，土耳其擊落支援阿薩德政權的俄國軍機，後來向俄國賠罪來收場。此後，土耳其採購俄國製造的武器，受到了美國的制裁。除此之外，在食品和能源方面，土耳其也與俄國合作往來，近年並與反美的伊朗建立良好的關係。

POINT

▼敘利亞內戰起因於阿薩德獨裁政權與反政府勢力之間的對立。
▼美國、土耳其、俄國、IS、庫德族等加入敘利亞內戰，使局勢更加混亂。
▼對於庫德族的態度，是美國與土耳其關係降溫的原因之一。

以前我覺得……
生活會這樣一直持續下去。
其實不是的。
世界不斷在變動。
ルガリア
グルジア
トルコ
キプロス
バノン
ラエル
イラン
大家都是在各自的位置，為了生存而奮戰著……
我也必須……
在我的人生道路上好好努力！

※中東地區地圖

專欄8

空權、太空權、網路權是什麼？

所謂空權（air power），是指掌控空域的能力。假如陸權憑藉陸軍的軍力，海權憑藉海軍的軍力，空權就是仰賴空軍的軍力。

空權登上舞臺，是從第一次世界大戰期間開始的。剛剛開戰時，飛機只是用來偵察的，但再來就急速發展，戰鬥機、轟炸機陸續誕生。到了第二次世界大戰，飛機已經進展到扮演控制戰局動向的重要角色。空權的特色是擁有壓倒性的機動性，但話又說回來，飛機的起降場所非常有限，滯空時間也受到限制，不像戰車或軍艦那樣能夠長時間停留在原地，因此存在地緣政治上的限制。

到了戰後，受到矚目的是核能力（nuclear power）——處理核武器的綜合能力，使擁核武國家大大提升了存在感。

此外，近年來太空權和網路權的重要性也愈來愈高。

所謂太空權（space power），是指運用太空領域的綜合能力。包含了收集各種資訊情報、攔截通訊等方式來支援地表上的戰鬥，或是提供攻擊力。美國就在2019年成立了太空軍。

所謂網路權（cyber power），是指對於虛擬空間（網路空間）的綜合掌控能力。2010年，美國對伊朗的核武設施進行網路攻擊，癱瘓核子設備，破壞濃縮鈾離心機。美國反過來遭到攻擊的例子，則有2015年美國政府機構相關大約2000萬人的機密資料外洩事件；2018年大型連鎖飯店的網路系統逾500萬件護照資料被盜事件。而美國方面認爲，這些都是中國人民解放軍有組織的犯罪活動。

網路空間的攻防戰＝網路權戰爭，今後會愈演愈烈。英國、美國、加拿大、澳洲、紐西蘭五國，曾在1950年代共同組成「五眼聯盟」，共享通訊攔截網的情報，以保障人民生命安全。而爲了遏阻不斷擴張的中國，目前也傳出要邀請日本加入聯盟。

讀懂地緣政治學嚴選關鍵字索引

九～十畫

十一～十三畫

十四畫以上

參考文獻

《こども地政学　なぜ地政学が必要なのかがわかる本い》
（船橋洋一 監修／カンゼン）

《サックとわかるビジネス教養　地政学》
（奥山真司 監修／新星出版社）

《新・地政学「第三次世界大戦」を読み解く》
（山内昌之、佐藤優 著／中公新書ラクレ）

《図解でわかる　14歳からの地政学》
（鍛冶俊樹 監修／太田出版）

《世界史と時事ニュースが同時にわかる 新 地政学》
（祝田秀全 監修、長谷川敦 著／朝日新聞出版）

《中東複合危機から第三次世界大戦へ》
（山内昌之著／PHP新書）

《世界96国で学んだ元外交官が教える　ビジネスエリートの必須教養「世界の民族」超入門》
（山中俊之 著／ダイヤモンド社）

《働く君に伝えたい「本物の教養」佐藤優の地政学入門》
（佐藤優 監修／学研プラス）

《マンガでわかる地政学　改訂版》
（茂木誠 監修／池田書店）

《明解新世界史Ａ 改訂版》
（岡崎勝世 等 著／帝國書院）

《山川 世界史総合図録》
（成瀬治 等 監修／山川出版社）

〈前方防衛と抑止力の新たな意味——ウクライナ戦争と日本の戦略的教訓〉
（山内昌之 文／Voice 2022年5月號）

等等

BOOK REPUBLIC　快樂文化　知識讀書館 015

地緣政治學圖解入門：東大教授解析國家生存策略

監　　修　山內昌之
漫　　畫　小山鹿梨子

翻　　譯　黃郁婷
責任編輯　王筑螢、許雅筑
設計與排版　丸同連合

快樂文化
總 編 輯　馮季眉 • 主編　許雅筑
FB粉絲團　https://www.facebook.com/Happyhappybooks/

出　　版　快樂文化／遠足文化事業股份有限公司
發　　行　遠足文化事業股份有限公司（讀書共和國出版集團）
地　　址　231新北市新店區民權路108-2號9樓
電　　話　(02) 2218-1417　• 傳真 (02) 2218-1142
網　　址　www.bookrep.com.tw　• 信箱 service@bookrep.com.tw
法律顧問　華洋法律事務所蘇文生律師

印　　刷　中原造像股份有限公司
初版一刷　2023年7月

定　　價　380元　• ISBN　978-626-97198-1-5（平裝）　• 書號 1RDB0015

國家圖書館出版品預行編目（CIP）資料

地緣政治學圖解入門：東大教授解析國家生存策略／山內昌之監修；小山鹿梨子漫畫－
初版－新北市：快樂文化出版：
遠足文化事業股份有限公司發行，
2023.07，176面；14.8×21公分
ISBN 978-626-97198-1-5（平裝）

1.CST：地緣政治 2.CST：政治地理學
571.15　112002687